AF496790

El entramado.
El apuntalamiento técnico del mundo

CHRISTIAN FERRER

El entramado.
El apuntalamiento técnico del mundo

CHRISTIAN FERRER

MONTABER

Colección: Maieutikos
Director: David Soler

EL ENTRAMADO. EL APUNTALAMIENTO TÉCNICO DEL MUNDO
Christian Ferrer
© de esta edición, ICG Marge, SL

1.ª edición, 2011, © Ediciones Godot, ISBN 9789871489329
2.ª edición, 2022, ICG Marge, SL

Edita: Marge Books | Montaber
Brutau, 160 - 08203 Sabadell (Barcelona)
Tel. 931 429 486 - montaber@montaber.es
www.montaber.es

Edición: Gimena Riveros
Diseño interior y cubierta: Víctor Malumián
Impresión: Safekat, SL (Madrid)

ISBN edición impresa: 978-84-17903-36-7
ISBN edición digital: 978-84-17903-37-4
Depósito Legal: B 5599-2022

El papel empleado en este libro no ha sido blanqueado con cloro elemental (CI_2).

El autor

CHRISTIAN FERRER es ensayista y profesor de la Facultad de Ciencias Sociales de la Universidad de Buenos Aires. Integra el grupo editor de la revista *Artefacto. Pensamientos sobre la Técnica.*

Ha publicado los libros *Mal de Ojo. Crítica de la violencia técnica; Cabezas de tormenta; La curva pornográfica; Barón Biza. El inmoralista;* y *La mala suerte de los animales;* y las compilaciones *Prosa plebeya. Ensayos de Néstor Perlongher; El lenguaje libertario. Antología del pensamiento anarquista contemporáneo;* y *Lírica social amarga. Escritos inéditos de Ezequiel Martínez Estrada.*

Christian Ferrer está considerado como una de las voces más críticas de la técnica en lengua española.

Índice

El entramado.
El apuntalamiento técnico del mundo

CHRISTIAN FERRER

El círculo vicioso

*Lo que en otro tiempo fue llamado Zeus
o Jehová o Gran Espíritu hoy se llama
"Producción", "Planificación" y "Tecnología".*

El círculo vicioso

TÉCNICA Y DESARROLLO

LOS DIOSES SIEMPRE HAN sido necesarios en el mundo. Existieron en la era de la caza, en la de la agricultura y existen aún en la de la industria, aunque su consistencia actual es mecánica más que instintiva. Lo que en otro tiempo fue llamado Zeus o Jehová o Gran Espíritu hoy se llama "Producción", "Planificación" y "Tecnología". Los nombres son otros y no poseen los mismos atributos, pero son equivalentes. ¿Por qué estos dioses y no otros distintos, o bien previos, como los teogónicos? Porque son consustanciales a la voluntad de dominio que brota de la horma técnica del mundo. Y mientras más empeñosamente subestimemos el poder y la furia de estos nuevos dioses tanto más seremos sus víctimas propicias, porque son émbolos titánicos que transforman todos los bienes en mercancías, sin excluir el clima ni el gen. La abundancia, sofisticación y utilidad de estas mercancías no son prueba de nada: hay una forma de tener razón una vez que se ha adoptado el cálculo y el dominio como sistemas de pensamiento.

La dinámica de este proceso ha sido la del "desarrollo acelerado de las fuerzas de producción". Considérese el rango de la expansión: el rastreo y la extracción de energía en todo el planeta, el aumento del poder destructivo de las armas de guerra, la objetivación científica de la naturaleza, la destrucción de los paisajes, la superabundancia inútil de objetos de consumo, la producción por la producción en sí misma. Todos ellos son acuciantes de un desmadre cuyas consecuencias dañinas sólo ahora pueden ser contempladas panorámicamente en los cuatro puntos cardinales. En su momento, los primeros signos de la contaminación de los ríos o del "cambio climático" no parecieron ominosos. Toda alerta era minusvalorada y descartada a título de exageración y en nombre de mantener estabilizado el optimismo general. Por otra parte, hacer cesar el modelo de desarrollo, que es el sustrato del problema, era una alternativa que no estaba a disposición.

De modo que todo confluye en la figura del círculo vicioso. Siendo el nivel máximo de industrialización alcanzado la unidad de medida comparativa del éxito de una sociedad dada, entonces el poco agraciado marbete de "subdesarrollada" recaerá sobre toda nación que sea aún periférica al centro motor del así llamado "progreso". Su destino de país se reduce a convertirse en satélite o en esforzado imitador, y acelerar sus órbitas transformacionales a fin de no perder el paso, sin importar las bajas humanas que se acumulen en el proceso. También los antropólogos del siglo XIX clasificaron a las sociedades tribales tomando como rasero a los países evolucionados, es decir los europeos. Lo último era lo óptimo, esto es, las democracias industriales. Los pueblos indígenas fueron catalogados según su grado de ilustración y de racionalidad de su sistema de gobierno. Casi todos terminaron cabiendo en el anaquel del analfabetismo y la barbarie, cuando no en el de la horda originaria. Pero nunca hubo épocas mejores en el pasado así como nunca las habrá en el futuro, a menos que se cambie el parámetro de la felicidad, es decir el modo de soportar el presente.

Hasta este momento el análisis de la matriz técnica del mundo ha sido traído a colación mayormente en aras de movilizar políticas laicas y desarrollistas, que no excluyen la ritual recomendación de aplicar apósitos a fin de suavizar los daños colaterales. Y si bien es cierto que las condenas arrojadas sobre los aspectos desalmados del mundo fabril fueron habituales desde la mitad del siglo XIX, y que socialistas de todos los colores descollaron en la denuncia de las "lacras" del sistema capitalista, raramente las figuras del trabajo, del "productor" y del expolio de la naturaleza en beneficio del "progreso" fueron raídas hasta la osamenta, salvo en lo que respecta a su estatuto de propiedad o a su transitoria inhumanidad. La postal del futuro siempre se pareció a una sociedad industrial justa, armónica y algo automática. En eso coincidieron las ideologías predominantes a lo largo de los siglos XIX y XX.

Si se pudiera imaginar un vínculo más hospitalario entre técnica y desarrollo, diferiría de la demanda de estatización de fábricas y oficinas o de actualización de conocimientos científico-tecnológicos o de desarrollo nacional acelerado. El destino de las tecnologías no se resuelve en su "buen uso" o su "mal uso", o en la usura que a ellas podrían extraerle regímenes "capitalistas", "socialistas" o "nacionalistas". La matriz técnica es un régimen de poder en sí mismo y los usuarios de la misma no conciben otra posibilidad ni tampoco se fugan porque la máquina es un principio de orden que los complace en tanto y en cuanto ella misma es emblema de la voluntad de poder que dimana de la idea de energía, un poder que es "voluntad de voluntad", es decir que se impulsa a sí mismo. Ese es el émbolo rector del mundo.

Cuando las consecuencias de los desastres ecológicos se vuelven evidentes e ineludibles, a políticos y tecnócratas no se les ocurre otra solución que no sea, en sí misma, técnica. Por ejemplo, se extinguen los animales de una región por causa de los desmontes de bosques, y en lugar de buscarse y erradicarse las causas del arrasamiento de la vida animal se anuncia que sería factible clonar el último ejemplar aún vivo de una especie para que los escolares puedan visitarlo en el zoológico. O bien, se construyen edificios de fachadas vidriadas por razones estéticas, pero los veranos, cada vez más tórridos, hacen imprescindible refrigerar artificialmente a los ambientes doblemente caloríferos por causa de la acción del clima y del vidrio en sí mismo, pero he aquí que los aparatos de aire acondicionado emiten gases que aumentan el tamaño del "agujero de ozono", promoviéndose entonces el calentamiento global del planeta, cuyo paliativo vienen a ser más aparatos de "aire acondicionado". Es forzoso que la supervivencia de toda tecnología esté asociada al tipo de sociedad en la que "entra en juego". Aunque una técnica específica haya sido inventada para "mejorar" a la humanidad, la inserción institucional o crematística de la misma acaba imponiéndole mandatos ajenos a la voluntad o falta de voluntad de su descubridor.

La fácil accesibilidad a las tecnologías no quiere decir que su significado sea evidente por sí mismo. No son neutras y ciertamente proponen una pedagogía que facilita la adaptación dúctil de los seres humanos al sistema de engranajes que da forma al mundo. Pero cada tecnología arrastra, también, una historia de daños. No se hace buena sociología de la técnica si se reduce la historia de las tecnologías a la acumulación de datos sobre su procedencia genealógica. La nuestra es una de las primeras generaciones que está traspasando al porvenir problemas no fácilmente resolubles: la contaminación de ríos, lagos y mares; los desmanes suscitados por el cambio del clima; la vida "útil" de los desechos radioactivos; etcétera. Cuestiones que hace apenas veinte o treinta años eran desestimadas a título de alarmismo ideológico hoy son la cruz de la época. En apariencia, el "confort" y el "progreso" justifican el precio a pagar. Eso parece razonable, pero quienes pagan ese costo son los que están al final de la fila. Nosotros padecemos los errores de nuestros antepasados y quienes vengan más adelante padecerán los nuestros, porque los acontecimientos del pasado alguna vez todavía estaban en el futuro. Hasta ahora los signos de arrepentimiento por el daño causado son todavía escasos y por eso mismo se siguen entregando poderes inmensos a autoridades y a expertos que combinan destrezas tecnológicas muy sofisticadas con principios políticos, religiosos y morales paupérrimos.

El sufrimiento sin sentido y la tecnología

*La tecnología ofrece confort al ser asediado
y le concede esparcimiento, excitación
planificada y narcotización hogareña
en un mundo destemplado.*

El sufrimiento sin sentido y la tecnología

DOLOR

ARTHUR SCHOPENHAUER PODRÍA HABER condensado sus objetivos filosóficos en estas dos vigas maestras: "decir verdades implacables" y "proponer máximas curativas". Leerlo, aún hoy, desploma la idea que nos hacemos de la existencia y las dosis de tonicidad anímica que se destilan de sus enseñanzas no alcanzan a disolver el pesar —o el pavor— en ellas comprimido. En 1819, Schopenhauer dio a conocer un sistema de pensamiento sostenido en la convicción de que la palabra vida es un eufemismo por sufrimiento y que tal condición es inmutable e ineliminable de la existencia. El dolor puede cambiar de forma, pueden transformarse los contextos que lo espolean, puede trastrocarse la jerarquía de los problemas que se descargan sobre la humanidad, pero el eje doliente que hace rotar al cuerpo humano se mantiene en constante vibración. Los deseos, esperanzas y proyecciones que animan la vida cotidiana resultan ser, a fin de cuentas, instrumentos de tortura. Quien codicia objetos, eventos o el afecto de otras personas saca un pasaporte a la frustración porque la lucha por conseguirlos hace padecer, y una vez acaparados no redimen el sufrimiento. Schopenhauer acepta que la vida también supone alegrías y placeres, pero concluye, inflexible, que la densidad de padecimiento es siempre superior a los breves e inciertos goces conquistados. Siendo la voluntad encarnada el nudo antropológico fundamental, cualquier intento de desovillarlo a través de mecanismos ajenos a esa encarnación conduce al fracaso, incluso al agravamiento de la condición sufriente de la especie humana. Sea la intervención estatal o la adhesión a una religión o la intención de transformar al mundo mediante enroques políticos o la industrialización acelerada o el suicidio, ningún esfuerzo fructificará. Lo único aconsejable, en su sistema filosófico, es desear lo menos posible, algo imposible, pues la voluntad de vivir es ciega e impetuosa y sólo puede pujar en forma radial, sin porqué y sin derrotero alguno.

Cuando Schopenhauer publicó estas ideas en *El mundo como voluntad y como representación*, la época moderna estaba aún en su infancia. El panorama al que llegaba todo recién nacido era áspero y cuesta arriba: la revolución industrial y la guerra omnipresente conformaban un juego de pinzas que ponía sitio al cuerpo y lo sometía a pruebas de desgaste. La industria farmacéutica estaba en pañales; no existía un sistema de seguros contra riesgos; no se había descubierto la anestesia ni nada se sabía sobre las virtudes de la asepsia hospitalaria; las operaciones quirúrgicas eran poco menos que batallas campales entre cirujano y paciente; no había vacunas; tampoco sesiones psicoanalíticas; los servicios higiénicos urbanos eran el sueño de algunos reformadores públicos; en fin, la desprotección del cuerpo era inmensa y la incertidumbre emocional enorme. El "tedio vital" se suma a la enumeración. La intemperie, no obstante, era más "natural" y tolerable que en su versión actual. Se dirá que por entonces era inútil imaginar un estado de ánimo amenguado de sufrimiento, ni siquiera teniendo en cuenta las innovaciones técnicas que ya hacían retroceder los palazos que la naturaleza, el desinterés estatal y la fatalidad descargaban sobre la fragilidad humana. Ahora, doscientos años después, los voceros de época insisten en que los avances médicos y asistenciales ya pueden ser descontados de las deudas que la ciencia y la técnica tenían con el dolor colectivo. Pero las miradas arrojadas desde la barandilla de popa del progreso continúan empañadas por prejuicios y expectativas que provienen de un futuro no verificado todavía.

Una curiosa frase de Friedrich Nietzsche, escrita sesenta años después de la publicación del libro de Schopenhauer, permite precisar la cuestión. En *Genealogía de la moral* se lee: "En los tiempos antiguos se sufría menos que ahora, aun cuando las condiciones de vida hayan sido más violentas y los castigos físicos más crueles". No es una paradoja o un capricho conceptual, sino una puntualización ontológica acerca de la sensibilidad moderna. A la personalidad que se le corresponde se la podría definir "sentimental". Sentimental significa que durante el proceso de formación del carácter no se le proporcionaron al hombre moderno herramientas espirituales aptas para hacer frente a desastres existenciales o bombardeos en profundidad a su dote psíquica. De modo que los dilemas y problemas propios de la experiencia urbana, la jornada laboral, el desajuste familiar o desgracias mayores, sólo podían ser insuficientemente "encajados" o digeridos, transformándose entonces en la nutrición del desaliento, el resentimiento o la depresión. En la época de la vulneración organizada de la subjetividad, el cuerpo deviene muñeco de vudú.

En otros tiempos, se permanecía en constante intimidad con el sufrimiento a la vez que la causa del mismo era identificada en un "afuera" nítidamente reconocible: invasores, poderosos, la ira de Dios. Hasta no hace demasiado tiempo se disponía de una serie de tecnologías de la subjetividad destinadas a fortalecer el alma con el fin de "pertrecharla" para el inevitable encuentro con el dolor. La disciplina de los guerreros, la ascética religiosa o la concientización del militante aprestaban la personalidad con el fin de que no se desorientara ni desesperara en caso de que combatiente, creyente o revolucionario quedaran atrapados en territorio enemigo. La tonificación del carácter permitía "retomar control" sobre la vida descalabrada. La resistencia espiritual luego de lo inevitable, en aquellos tiempos, era considerada un bien. El cuerpo encajaba el impacto pero era el alma la que regulaba la desesperación y administraba los estragos que la experiencia de la ofensa, el agotamiento, la confusión o la mortificación infiltraba en el ánimo. La ascética religiosa preparaba al creyente para estar afianzado ante las tentaciones que acechaban a la "carne". Se promovía una cierta impasibilidad frente a los infortunios, cuanto menos fortaleza en la resignación: la "rueda de la fortuna" tanto puede favorecernos como sernos esquiva. Se trataba de recuperar el control, de volver a sí mismo, de tener "poder sobre sí".

El síntoma de la actualidad se revela en la necesidad de huir del dolor, que se corresponde con el temperamento adictivo de esta época. Esa fuga se vuelve desorganizada y contraproducente en tanto y en cuanto no se ha pertrechado al alma para administrar la experiencia del sufrimiento. Esta negligencia se hizo posible porque el cuerpo devino en valor mercantil de primera importancia, sea como fuerza de trabajo en al ámbito laboral o como apariencia en el mundo diplomático de las relaciones interpersonales, como mercancía carnal o como disposición performativa a protagonizar todo tipo de trámites sociales. Sin embargo, se carece de defensas eficaces ante el sufrimiento. El cuerpo, en vez de servir de "escudo", recibe el impacto del dolor en todos los poros a la vez y la subjetividad dañada sólo puede aspirar a la ayuda que pueda ser proporcionada por asistentes tecnológicos. La mutación de significado sufrida por la palabra "confortación" se hace llamativa. Dos siglos atrás, consolar y amparar a una persona devastada por la tragedia o acongojada por un revés de fortuna suponía que otros estuvieran formados espiritualmente para asistirla y toda una serie de tecnologías afectivas y espirituales obraban desde muy temprana edad a fin de dar forma al alma caritativa. Un siglo después, y en una línea de evolución que llega hasta la actualidad, la idea de "confortación" se licuó en la palabra "confort", que se refiere menos a una actitud espiritual que a una serie de comodidades domésticas o urbanas.

La importancia del confort en la época moderna no debe ser minimizada, pues ha sido investido con la misión de resguardar a la personalidad de las inclemencias de la vida industrial y urbana, escenarios donde el sufrimiento ondula como un "arma arrojadiza" que es arrojada sobre cualquiera. Pues el dolor sólo culpa a uno mismo, en tanto se es incapaz de gestionar una subjetividad satisfactoria. Como la lucha por abrirse paso y acumular es la contraparte y copartícipe de la época sentimental, el refugio de la intimidad permite eludir momentáneamente los mandatos despiadados de los procesos laborales o del *pas de deux* de la venta de la "apariencia". La tecnología ofrece confort a este ser asediado y le concede esparcimiento, excitación planificada y narcotización hogareña en un mundo destemplado. La costumbre y anhelo del confort asume la función que en una época anterior correspondía a las prácticas consolatorias, cuando al dolor se le ofrecía un sentido trascendental. En tanto la modernidad supone un tipo de vida que acopla cuerpo y máquina, el tipo caracterológico de ser humano que ha sido necesario definir y construir a fin de poner en marcha la maquinaria social tecnificada debió corresponderse, a la vez y en un mismo movimiento antinómico, tanto con el temperamento sentimental como con la carne de cañón de la sociedad industrial. Pero, en una etapa anterior, la esencia de la confortación no residía en nada técnico. No podía ser sustituida por comodidades, entretenimientos, juguetes industriales o saberes científicos. Era un movimiento del ánimo, no una cápsula blindada.

El potente inicio de la industrialización del mundo no sólo hizo proliferar la electricidad, la información y el átomo; también se abandonó a millones a la buena de Dios. Esas multitudes serían insertadas masivamente en organismos de rango estadístico: sindicatos, empresas de seguros de vida o de tarjetas de crédito, en cajas jubilatorias, obras sociales, vacaciones entendidas como "derecho"; o bien serían vinculadas orgánicamente con la industria farmacéutica o con hipotecas bancarias que proyectan una forma del habitar. Cuando ya no se hacen diferencias estratégicas y operativas entre alma y cuerpo son los "amortiguadores artificiales" los que permiten tolerar el contacto con el dolor. Ante la máquina de excitación urbana, sólo cabía blindarse a fin de eludir experiencias vitales que pudieran generar sufrimiento. Y cuando evitarlas se revelaba imposible, los placebos y amortiguadores que la evolución científico-técnica ofrecía eran el recurso más a mano. El confort se transformó en el espacio ideológico y práctico de comprensión de la tecnología. Operaba a modo de pase mágico. Esta idea es propia de la sensibilidad actual, para la cual la casa es un "estuche" protector de la personalidad. Como pliegue personal, la privacidad protege o acomoda a la personalidad a lo largo de la "lucha por la existencia" y en sus dominios la tecnología se transforma en puerta de acceso al esparcimiento y en garantía de vida confortable, en "colchón" del sufrimiento. Los artefactos tecnológicos, especialmente los domésticos, deben ser considerados menos aparatos funcionales que organizadores "psicofísicos" de la existencia amenazada, como superficies somáticas que reorganizan la experiencia sensorial y psíquica.

TÉCNICA

La asunción de que el cuerpo es la última y radical verdad de la existencia y de que la satisfacción sensorial es un imperativo y no una opción da forma a la idea actual de la felicidad. En ausencia de un ideal de bienaventuranza eterna, dos modos de conectar subjetividad y felicidad lo sustituyeron. Por un lado, la codicia y consecución de mercancías. Como la energía y la dinámica del capitalismo tienden a transformar cada vez mayores cantidades de bienes en mercancías intercambiables, también el cuerpo humano es arrastrado por la pasarela. La mercancía devino tasa de medida de la cuota de felicidad de que se dispone en un momento dado de la vida y por eso deben ser accesibles a cualquiera, sustituibles, y presentadas de modo tal que posibiliten imaginar experiencias propias de un sueño idílico. El otro modelo de felicidad concierne a los placeres sensoriales, siempre sometidos a restricciones específicas. Las reglas de mesa, de urbanidad, de comportamiento "civilizado", de acercamiento y distancia, de experimentación erótica, establecen fronteras e instrucciones de uso que son fuente de frustración y que, por su parte, nunca dejaron de colisionar contra los impulsos hedonistas que el propio capitalismo fomenta.

Ahora la demanda de mayores placeres para el cuerpo es urgente y pregnante, lo que supone el fomento de conflictos psicológicos, demandas políticas, industrias emergentes y un mayor escepticismo con respecto a la ascética "protestante". Las ansias de felicidad ya no están lanzadas hacia un eventual progreso de la civilización, ni siquiera en torno a la economía personal planificada y acumulativa. La exigencia de felicidad está cronometrada por el minutero y entre sus consignas se cuentan la detención del deterioro corporal y de la extenuación cotidiana. Justamente, la tecnología del siglo XX tuvo como misión impedir el desplome físico y emocional de la población. Los artefactos domésticos, la mejora en el instrumental hospitalario, la farmacopea de tipo "psicosomática" y el desarrollo de la industria del seguro personal son algunos de sus logros. Sin embargo, esos sostenes de la vida amenazada ya eran sucedáneos decididamente insuficientes hacia la década de 1960.

Como lógica consecuencia de la confianza que desde antes se había depositado en la ciencia, ahora las industrias delineadoras del cuerpo absorben la expectativa de anulación del sufrimiento. Las utopías sociales del siglo XIX se propusieron eliminar, en lo posible, el dolor. La ciencia pretendió doblegar el poder de la naturaleza sobre la vida humana. El ejemplo más habitual lo expone la consulta diaria al pronóstico del tiempo, y el más actual, la medición del grado de abertura del agujero de ozono. También las ciencias sociales ambicionaron reducir el sufrimiento causado por el orden laboral y la conflictividad urbana. Dos pretensiones utópicas: reducción del poder del azar; reducción del rango de la injusticia social. A medida que otras ilusiones de cura de la infelicidad de desvanecían (la política revolucionaria, el psicoanálisis, las filosofías existencialistas), las innovaciones científico-técnicas se volvían más y más esperadas, y también más "amigables", tanto más cuando se había perdido el equilibrio entre los campos de acción posibles.

Un rasgo que diferencia al siglo XX de su inmediato anterior es la relación desfasada entre la técnica y la ética. La evolución de la tecnología es hoy mucho más rápida que las novedades traídas por el arte, la moral o la política. Se ha invertido la ecuación del siglo XIX. Entonces, la máquina de vapor, el tren, el telégrafo y el dirigible fueron considerados poco menos que frutos de una inagotable cornucopia mecánica. Sin embargo, las innovaciones estéticas y políticas eran, en el siglo XIX, mucho más vertiginosas. Basta recordar que entre 1860 y 1910 el impresionismo, el puntillismo, el simbolismo, el fauvismo, el cubismo y el futurismo renovaron rápida y sucesivamente a los modos de ver obras pictóricas. En el siglo XIX aparecen y se despliegan por Occidente el liberalismo, el antiesclavismo, el socialismo utópico, el sindicalismo, el republicanismo, el marxismo, la socialdemocracia, el nacionalismo, el anarquismo y el sufragismo feminista. El siglo XXI vive aún de la usura de los inventos políticos del siglo XIX. Pero en el siglo XX los saberes científicos y las innovaciones tecnológicas avanzaron a un ritmo mucho más acelerado y la política, la ética, e incluso el arte, apenas pudieron seguir sus pasos. Por eso la experiencia del confort sigue siendo el ideograma con que se tamiza la comprensión de la tecnología, tanto en lo que se refiere a nuestra consideración y consumo de las comodidades comunicacionales o de los alimentos de góndola genéticamente modificados. Recurriendo a una vieja idea de Trotsky, se diría que el mundo experimenta actualmente una agudización del desarrollo desigual y combinado entre moral y técnica.

Una brecha tal promueve mutaciones en la imaginación. En las últimas décadas, el vínculo imaginario entre ciencia, técnica y colectividad se desplazó significativamente. La energía atómica y la conquista del espacio cedieron su privilegio a otra configuración organizada en torno a la informática y la biotecnología. Todavía hasta el final de la guerra fría la "bomba" atómica y el "cohete" lanzado al cielo eran símbolos de época. La "llegada del hombre a la Luna" consumó un trayecto largamente ambicionado y hasta las potencias regionales menores pretendieron enriquecer uranio a granel. El impulso que conducía a la producción de arsenales atómicos y de vehículos espaciales era potenciado por ideas encarnadas en estados poderosos que movilizaban la imaginación mundial en favor o en contra de una de las dos mitades en que había sido repartido el planeta. Pero en 1967, por primera vez, el corazón de una mujer fue transplantado a un hombre que sobreviviría por poco tiempo. Veinticinco años después las computadoras personales estarían esparcidas por todos los ámbitos de la acción humana. En el cruce de épocas se muestra la clausura de un tipo de imaginación motivada por la guerra y el miedo y otra que inicia nuevos vínculos entre cuerpo, ética y tecnología. Los transplantes de órganos y las cirugías estéticas, o bien el acceso a Internet, a diferencia de emprendimientos tan costosos y dirigidos estatalmente como la fabricación de bombas de hidrógeno o de naves espaciales, son experimentados a título de satisfacción personal. El viaje a la Luna y la amenaza atómica total fueron los frutos de la Guerra Fría, del gigantismo social y de la competencia ideológica, pero el ansia actual de perfeccionamiento estético-tecnológico resulta ser un sueño banal, aunque el malestar que pretende apaciguar nada tenga de superficial.

La insatisfacción existencial con respecto a la forma del cuerpo, a sus imperfecciones, es el irritador que más estimula la progresión del desfasaje. Pero la pregunta por los valores deseables exige hoy analizar en qué medida se trata al cuerpo como un objeto, como "algo" sobre lo cual es lícito intervenir técnicamente. Desvanecido o deslegitimado el orden sagrado que durante siglos dio sentido a los padecimientos, y más adelante, perdida la centralidad de que disfrutaron las filosofías de la historia y de la conciencia, entonces el sentido de la desdicha subjetiva quedó en suspenso y buscó un nuevo sostén, ya no aferrado primordialmente a la construcción o indagación de una "interioridad". La obsesión por la belleza, el cuerpo saludable, la postergación del envejecimiento y la aspiración fantasiosa a engatusar a la muerte indefinidamente responde a causas hoy difícilmente resolubles. Dado que se exige del cuerpo humano pruebas continuas de su performatividad emocional, su exposición es intensa, y los riesgos implicados, inevitables. De allí que la metamorfosis de la cirugía reconstructiva de la piel en intervención estética muestre el desvío que va de un saber asociado al accidente laboral o la herida de guerra hacia la sofisticación cosmética así como la evolución que llevó del transplante de corazón y del implante del marcapasos al injerto de siliconas y el recetario de antidepresivos revele la mutación de la necesidad imperiosa de sobrevivir en ansias de inserción social. Si, por un lado, la articulación entre afán de belleza y tecnología quirúrgica evidencia los temores actuales a la carne corruptible, por el otro revela la preocupante emergencia de "biomercados" y de incipientes disputas comerciales acerca de la "propiedad" del material genético. El capitalismo ya reclama, en sentido estricto, su "libra de carne".

PLACER

Abundan tanto que ya no sorprende su rápido despliegue y exitosa implantación. Son las industrias del cuerpo. La farmacopea de la felicidad, las sucesivas generaciones de antidepresivos, las mareas de pornografía, los enclaves urbanos en los que se formatea el cuerpo, revelan síntomas a la vez que experiencias bienvenidas. Su profusión adquiere sentido en sociedades altamente tecnificadas que promueven el valor de intercambio del cuerpo. De modo que cumplen tareas de amortiguación. El origen de estas industrias de la metamorfosis carnal puede ser rastreado en efectos no-previstos nutridos al rescoldo de los acontecimientos pugnantes de la década de 1960: la Guerra de Vietnam, la Revolución Cubana, las batallas por los derechos civiles de las minorías, la descolonización del África y del Asia. Pero aquella también fue época de desobediencias culturales cuya resonancia sería duradera y que harían lugar al reclamo de experimentación en temas de libertad sexual, uso del cuerpo y placer cotidiano. Una vez que los programas políticos maximalistas de entonces se marchitaron o fueron absorbidos por agencias gubernamentales, quedó en pie, rampante y acuciante, la demanda de cambio de costumbres. El "juvenilismo" licuó a las filosofías de la historia y huir del dolor se transformó en anhelo urgente.

Una opinión corriente supone que aquellas amplitudes libertarias condujeron al actual "libertinaje" y a una obscenidad digna de emperadores romanos. Los voceros de la iglesia y de grupos conservadores peticionan por restricciones al desenfreno. Otro discurso, aparentemente contrastante pero en verdad simétrico, enfatiza que el "libertinaje" es un efecto desagradable aunque disculpable causado por la ampliación de las libertades cotidianas, y promueve el uso responsable de la permisividad en asuntos sexuales y equivalentes. Ambos comparten el eje alrededor del cual polemizan. El proceso puede ser invertido: como hace décadas que las costumbres se han vuelto obscenas entonces se hace necesario un género específico que las represente. Ese género es la pornografía y su evolución difícilmente sea comprendida si únicamente se presupone una época tolerante. La esencia de la pornografía no se evidencia tanto en el primer plano anatómico como en su promesa de felicidad perfecta. En tanto la demanda de goce se vuelve creciente tanto más se hacen imprescindibles las ortopedias garantizadoras de placer. Se ha pasado de la relajación selectiva de los umbrales del pudor, que en la década de 1960 estuvo condensada en grupos juveniles, bohemios o radicalizados, a una amplia porosidad que desdibuja los tabúes establecidos sobre el uso del cuerpo.

Tradicionalmente, el diferenciador social por excelencia era el dinero, a su vez reemplazo del honor estamental. En una coordenada vertical en la que eran arrojados todos los recién nacidos, la posesión o desposesión de riqueza regía el destino. Quien disponía de fortuna, pasaba por la vida pertrechado de placeres y comodidades. Quienes subsistían en la parte inferior de la coordenada sólo podían esperar, luego de una lucha intensa en el campo de batalla definido por la economía, ascender unos escalones de la pirámide. El resultado era incierto. Pero en los últimos cuarenta años otra coordenada que recién comienza a desplegarse inserta a las personas en otro diferenciador social, que se cruza con el anterior: la coordenada que contiene valores definidos por la belleza y el cuerpo joven. Quien dispone de esos atributos y de un mínimo de audacia puede ascender socialmente con inusitada celeridad, posibilidad que antes estaba sometida a variadas restricciones. El mundo de la prostitución de lujo podría ser considerado un laboratorio que apuntala y extiende esta coordenada. Pero quien está ubicado en el otro extremo, y mucho más si carece de otros recursos, se encuentra sometido a intensas presiones que sólo pueden agravar su malestar existencial. Pero justamente las industrias del cuerpo se dedican a compensar la posición desfavorecida de quienes están ubicados en el extremo débil de la nueva coordenada. Antidepresivo, viagra, cirugía estética, turismo sexual, diagnóstico de preimplantación seguido de anhelos de remodelación de la dote genética de quien aún no ha nacido: tales son las ofertas actuales de amortiguación del sufrimiento. Los flujos de capital se encuentran con los flujos libidinales sobre una mesa de disección del cuerpo.

La pornografía es un género que ha recorrido una larga marcha: de la vieja literatura "sicalíptica" destinada a ser leída en retretes a la fotografía y los peep-show en blanco y negro a la revista arropada en celofán en kioscos al video alquilado o comprado por correspondencia a los canales codificados de televisión paga a los sitios gratuitos proliferantes en la red informática. La emancipación de la pornografía no fue obra de sus aficionados sino de la necesidad colectiva de identificar un género que diera cuenta de nuevas experiencias y expectativas sensoriales. Y la esencia del género se condensa en un anuncio de felicidad compartida. Habitualmente, y si se dejan de lado algunos extremos criminales, los actores pornográficos son felices y su mensaje es que todos merecen el derecho igualitario al orgasmo, sin distinción de sexos, razas o clases sociales. Más específicamente, la pornografía puede ser englobada en un género mayor, al cual podemos llamar "idilio", aparecido en el siglo XVIII. En la tradición del idilio, el vínculo entre los enamorados, o entre un héroe popular y sus seguidores, no podía ser amenazado por ninguna peripecia. Curiosamente, la pornografía comparte esta ambición armónica con los programas infantiles, en los cuales el conflicto está prohibido, o bien con las antiguas visiones del jardín del Edén.

Sin embargo, la mayor parte de la población mundial carece de acceso a la pornografía, o bien intima con ella en dosis poco significativas. La interpelación procede en forma indirecta. La pornografía se presenta en sociedad promoviendo una curvatura, haciendo presión sobre costumbres y expectativas sociales: sobre la dieta alimenticia, el trabajo de gimnasio, el consumo de juguetería erótica, el diseño de moda, y sobre otros géneros mediáticos, en cuyos bordes proliferan decenas de industrias para un mercado emergente: del *sex-shop* a la cirugía estética, de la liposucción a la selección de promotoras de mercancías, del rastreo científico de los genes del placer a la autoproducción de la apariencia, bien para el orden laboral bien para animar fiestas de quinceañeras. El etcétera es largo y las molestias e inconvenientes que estas gimnasias suponen son sobrellevadas porque se las percibe como sufrimientos dotados de sentido. Desde 1960, cuando se lanzó al mercado la píldora anticonceptiva, esas industrias han tomado al cuerpo de la mujer como campo estratégico de experimentación y quizás como efecto del proceso ahora la curvatura pornográfica comienza a intimar con la imaginación erótica femenina. Pronto llegará el momento en que el orden masculino demandará amparo a fin de eludir la calamidad subjetiva. Así como el proyecto "genoma humano" pretende alcanzar la última e infinitesimal célula del cuerpo humano, la pornografía indaga los confines de las nervaduras del placer. En ambos casos, se promete felicidad garantizada: descubrir y anular el gen de la gordura o la calvicie; actualizar y perfeccionar el kamasutra.

Una serie de acontecimientos brotados en torno de las rebeliones subjetivas de la década de 1960 hicieron confluir las tecnologías del cuerpo con demandas acuciantes de felicidad. Placer, sufrimiento, políticas de la vida y tecnologías de la subjetividad se constituyen en las piezas de una máquina social aún no ensamblada del todo. No sólo la "libertad de cátedra" sino también la "curvatura pornográfica" y la necesidad de "amortiguación subjetiva" ante la intemperie del mundo movilizan la investigación y producción de prótesis tecnológicas. Las consecuencias de esas presiones recaen sobre distintas instituciones y costumbres. A modo de ejemplo: algunas innovaciones jurídicas de los últimos años promovidas por problemas de coexistencia en ciertos espacios se vinculan a esa presión, entre ellas las figuras jurídicas del acoso sexual o moral en el orden laboral. El crecimiento de la casuística judicial no sólo lanza amarras hacia la voluntad política y cultural del feminismo por evidenciar ultrajes de vieja data y por resguardar a la víctima; también hacia la promoción de una logística mitigadora de los estragos subjetivos que la curvatura pornográfica descarga sobre "espacios cerrados". Próximamente quizás seamos informados de normativas regulatorias del turismo sexual europeo y norteamericano a los países del Tercer Mundo. Por el momento, esa práctica disfruta de los beneficios propios de los períodos de emergencia de una "industria salvaje".

La voluntad de huir del dolor y la producción seriada de amortiguación tecnológica son clima y símbolo de los tiempos. Sólo cuando la ola se retire el inventario de la resaca acumulada revelará si se trataba del umbral de un terreno ontológico en el cual se formatea una nueva configuración del ser humano o si estas prevenciones han sido un ejercicio alarmista e inútil. Lo que parece incontestable es el marchitamiento de los proyectos políticos de subjetivación de índole existencialista. La meditación moral sobre la relación entre técnica y sufrimiento sólo puede abrirse espacio en un mundo que considere que la "interioridad", el cuidado del alma, el cultivo de la curiosidad, la forja de la conciencia y el ideal del "conócete y ayúdate a ti mismo" sean vigorizadores de la idea colectiva de dignidad, pero difícilmente en un mundo en donde cada persona prefiere sostenerse a base de píldoras, implantes y emparches. Son formas de apuntalar el laberinto, más que al minotauro. Y si bien esas fórmulas y apuestas han probado ser eficaces, no dejan de estar amenazadas por el plazo fijo. Que todos soñemos con salir indemnes de nuestro paso por la existencia es comprensible. Pero al despertar de esa ilusión Arthur Schopenhauer la llamaba "dolor".

Entregarse uno mismo

Ante la posibilidad técnica de resolver
un asunto de vida o muerte, la moral
se vuelve una variable de ajuste.

Entregarse uno mismo

ACERCA DE LA LEY DEL DONANTE PRESUNTO

En el mes de diciembre del año 1967 el doctor Christiaan Neethling Barnard logró injertar exitosamente el corazón de una mujer, muy recientemente atropellada, dentro del tórax de un hombre. Un mes después se hizo otro trasplante, el corazón de un hombre negro logró seguir latiendo durante más de quinientos días, pero en el pecho de un hombre blanco. Años más tarde se intentaría con el corazón de un mandril, pero la paciente no reaccionó positivamente. El Dr. Barnard realizó ciento cuarenta operaciones de trasplante de órganos y fue sólo el adelantado de los miles de cirujanos que de allí en más lo harían en todo el mundo. El cuerpo, que por mucho tiempo había sido relicario inmutable, era ahora collage de laboratorio.

La inédita posibilidad de mantener la muerte a raya mediante el enroque de corazones no se instaló de inmediato, pues hasta tanto no pudo resolverse la tendencia del organismo a rechazar el injerto las operaciones de este tipo fueron complicadas en ejecución y no siempre felices en sus resultados. Eran tarea de pioneros y cada logro obtenido, poco menos que una proeza, meritaba la primera plana de periódico. El paciente necesariamente asumía su papel escénico de cobayo de indias, de prototipo del futuro. Fue a comienzos de la década de 1990 cuando nuevas generaciones de inmunodepresores permitieron alcanzar un grado mucho mayor de aceptación corporal del órgano injertado. Se había superado el problema de la "amortiguación". Desde entonces, aumenta la cantidad de intervenciones quirúrgicas, se abre el abanico de trasplantes posibles a todo tipo de órganos, la investigación científica sobre el tema humea a toda máquina y la cantidad de casos exitosos es numerosísima. La remoción, el ensamblaje y el recambio ya son parte de nuestra imaginación acerca del propio cuerpo.

No por ello la muerte dejó de ser cierta y su hora incierta, puesto que la oferta de órganos resulta ser, con respecto a la demanda, aún insuficiente. La mayoría de los habitantes del planeta siguen siendo sepultados tal cual llegaron al mundo. Existen religiones que prohíben alterar la encarnación antes del suspiro final y además subsisten recelos que dificultan la donación de partes del cuerpo. Considérese que algunas religiones son tan estrictas que un mero tatuaje impide el ascenso al Reino de los Cielos. Las tradiciones atávicas y los temores encarnados acerca de la extirpación de partes de un todo corporal explican el bajo porcentaje de la beneficencia carnal.

La paradoja es apremiante: coexisten un medio técnico que facilita la extensión de la vida y un déficit moral, no sólo en lo que concierne a la voluntad de donación sino también en cuanto a los valores que la orientan. Ocurre que, aunque la ciencia sea veloz, la ética no corre maratones. Se sabe que no todos los pacientes se resignan a la lista de espera y que numerosos pudientes del primer mundo compran órganos a indigentes del tercero. Como las leyes sobre transplantes en los países "ricos" son rigurosas, quienes disponen de riqueza se trasladan a los países de origen del "donante" con equipo médico incluido a fin de soslayar las molestas consecuencias de un acto ilegal tanto como la precariedad sanitaria del subdesarrollo. Ante la posibilidad técnica de resolver un asunto de vida o muerte, la moral se vuelve una variable de ajuste. Son prácticas de las que poco se sabe pero a las que cabe sospechar extendidas. A su contraparte necesaria se la encuentra en la circulación de leyendas sobre el robo de órganos a personas, particularmente niños, del Tercer Mundo. No es un detalle menor que las personas en listas de espera de donantes, o bien sus familiares, probablemente deseen la muerte de otro ser humano. Es entendible e inevitable que esos sentimientos afloren. Como se dice en estos casos: "es humano". Errar lo es también. Lo cierto es que se carece de lazarillos políticos y religiosos que pudieran cimentar una ética colectiva que no se adecue mansamente a la época de la deslimitación tecnológica.

En Argentina, la sanción parlamentaria de la "Ley del Donante Presunto", unos años atrás, transformó a toda persona en un banco de órganos en potencia, a menos que el occiso hubiera tomado la precaución de testar en contra de esa práctica. De modo que es ineludible que los pobres y los desidiosos acaben siendo mecenas forzosos y que el mito de la ablación de cuerpos de indigentes del Tercer Mundo pueda devenir en una realidad supervisada por el Estado. Pero si el transplante de órganos supone una proeza técnica, la donación es un acto que responde a una índole distinta. Su dignidad, también. El donar es un gesto de amor. Ni limosna resignada ni obligación burocrática sino ademán de desasimiento final del mundo; una decisión liberadora por la cual el propio cuerpo transmigra toda vez que el donante se ha visto reflejado en otra persona con tanta evidencia que ya no es capaz de percibir sino un mismo y único envoltorio de piel. Donar es agradecer por haber sido parte de un archipiélago de seres que han compartido el mismo mundo y demasiadas veces arrastrado la misma cruz.

Transformar, por obligación, a los órganos en dote a ser entregada por fuerza de ley significa sustraerles su cualidad de transferencia espiritual a la comunidad. Es a ella que los habitantes podrían ofrendar libremente sus delicados órganos, obsequios milagrosos más que repuestos. Una metempsicosis social. En el siglo XIX, la embestida del enorme y presuroso alud de desarrollos científicos y tecnológicos fue orientada por la aún más rauda creatividad de las ideas y las experiencias políticas, al menos en Occidente. La ecuación se ha invertido en nuestros días y el dinero y la presión estatal ya son fieles de la balanza. Pero el corazón se traspasa al corazón porque otro nos ha concernido, no porque una innovación tecnológica así lo permita. Es una entrega incondicional. Obligar a hacerlo por medio de una ley sanciona, más bien, el fracaso emocional de una comunidad.

El nido roto

Mercancía, en el mundo globalizado, no quiere decir, tal cual se publicitó ampliamente, más productos tecnológicos y culturales al alcance del consumidor; significa, por el contrario, que todos los bienes del mundo están siendo tasados y formateados como mercancía.

El nido roto

GLOBO Y NACIÓN

INMEDIATAMENTE PERFECTO. Así se expone al entendimiento la figura del globo, como un planeta o como la divina proporción del cuerpo humano. También un logo "redondo" logra el mismo efecto en las prácticas publicitarias. Lo perfecto se vuelve indiscutible, pues lo irregular o lo anómalo carecen de aura simétrica y remiten, por el contrario, a la excepción que confirma la regla. Esta preferencia perceptiva, culturalmente adiestrada, supone un obstáculo para quien pretenda pinchar los lemas de la globalización con un signo de interrogación.

No fue difícil promocionar sus atributos ideales: la interactividad, la sociabilidad reticular instantánea, la velocidad. Tampoco lo fue asociarla a promesas de bienestar colectivo, progreso nacional y acople a todas las posibilidades culturales que vibran en el planeta. Muy difícilmente, en la década de 1990, la conciencia suspicaz hubiera dispuesto de escucha para sus dudas y críticas. En un mundo que gustó de pensarse al fin reconciliado, el señalamiento de las consecuencias "indeseadas" del proceso de mundialización, es decir sus "daños colaterales", parecía una actitud de retaguardia.

La figura del globo comenzó a circunnavegar el planeta en el año emblemático de 1989, cuando se trastrocó el tablero en que se jugaban las partidas geopolíticas acostumbradas. Hasta entonces las metáforas políticas que daban sentido a los acontecimientos mundiales no se condensaban en la fórmula "Paz, Consumo y Placer", el eslogan del cambio de milenio. La Guerra Fría había instalado una escena de músculos en tensión, una pulseada sobre la tapa de la bordalesa en la cual se estacionaba la vendimia atómica anual. Cuando el imperio soviético declinó la partida y el compás que trazaba las líneas geopolíticas se asentó firmemente sobre la pierna norteamericana, el mundo adquirió al fin figura redonda, a la cual se le adosó la retórica de la globalización. Las guerras no desaparecieron, ciertamente, pero asumieron la fisonomía de la guerrilla y la escaramuza, mantenidas a raya por ejércitos más parecidos a destacamentos policiales de despliegue rápido que a las antiguas divisiones lanzadas al ruedo por un estado mayor de ejército.

En los países ahora llamados "emergentes" y antes "en vías de desarrollo", el lenguaje de la globalización se infiltró en los discursos de economistas, periodistas, políticos y académicos. Durante los años '90 se reiteró que las transformaciones económicas y políticas eran inevitables, y se celebraron una y otra vez los beneficios que derramaría sobre la población un mercado liberado de cerrojos anacrónicos, y también se prometió que una multitud de productos se ramificaría por las góndolas de supermercado, y no se ocultó demasiado que sería imprescindible realizar "ajustes" con el fin de garantizar el grácil ensamblaje de las piezas. Eran palabras que abrían camino a fuerzas poderosas a las que resultaba inútil e insensato desafiar. Tan sólo cabía aprestarse para su llegada. Tan obligada y perentoria se nos requería la "integración de socio" en la sociedad global como irreversible se lo publicitaba al proceso. De modo que la Argentina se insertó decididamente en la rueda de la fortuna, entregándose al juego de los flujos financieros internacionales, aun cuando se supiera que los globos suelen estar huecos por dentro. También los espejismos en el desierto.

Lo contrario del globo no es necesariamente la figura del archipiélago de naciones. En el siglo v antes de Cristo, cuando las ciudades-estado griegas instalaban colonias de la cuenca del Mediterráneo y se imponían sobre sus habitantes, el filósofo Diógenes dijo de sí mismo que era ciudadano del mundo, un "cosmopolita", identidad escasamente asumible entre sus conciudadanos, que se estimaban superiores a los bárbaros, sus vecinos. En el siglo XVI, mientras los estados-nación se daban forma y figura entre campos de batalla y masacres de campesinos, unos hombres llamados "humanistas" predicaron la tolerancia religiosa en la esperanza de suturar los lazos rotos entre credos y naciones.

En el siglo XIX, en momentos en que las potencias europeas reducían enormes extensiones continentales al patrón de la colonia y la factoría, diversas voces jacobinas difundieron el ideal de la fraternidad universal, es decir transnacional, entre trabajadores y jornaleros. En los tópicos que les concernieron, todos ellos profetizaron la futura fertilidad de los males políticos y morales que pasaban desapercibidos, incluso, a veces, transformándose en acosadores éticos de sus compatriotas. No predicaron un orden superior o "más moderno" sino un mundo subvertido, un antídoto de acción lentísima, porque la incomprensión de las colectividades embriagadas por el triunfo pasajero, la posición de fuerza o la novedad rutilante puede ser muy duradera. En esencia, la impopularidad de sus recusaciones era causada por haber promovido a la discusión pública no tanto la cuestión del precio de las mercancías globales sino la de los valores que ellas transportan. En todo caso, los vínculos entre cosmopolitismo y globalización son más complejos que los maniqueísmos a los que nos acostumbraron los feligreses del primermundismo y del pequeño pago.

El proceso de globalización no solamente reorganiza espacios y modifica u aplana tiempos, también promueve formas de existencia que se le adecuen y opaca o cancela aquellas otras que no admiten troquel, en tanto aún otras devienen en informulables. Impone un sentido a la historia quien puede desencadenar poderes tecnológicos tanto como administrarlos. Las sucesivas expansiones europeas y norteamericanas —conquista, evangelización, mercantilismo, imperio, tecnocracia– han seguido las mismas rutas, articulándose unas con otras, pero la actual es impensable sin su matriz tecnológica. En esto, intentar diferenciar un movimiento de sístole –bueno– y otro de diástole –malo–, quizás sea ilusorio. La técnica –osamenta del proceso– no puede ofrecer valores, sólo conducirnos a otro nivel de organización.

En el siglo XVI las caravanas de la seda que peregrinaban desde la lejana China tardaban meses en llegar a Samarcanda, situada en la mitad del camino de destino de las mercancías. Hoy, la imagen de una mercancía tarda un instante en hacer impacto sobre audiencias internacionales. El estilo populista norteamericano transporta al mundo sus mitos del consumo, tan poderosos como los emblemas religiosos lo fueron en una época ya olvidada. Una de las causas de su exitosa difusión reside en ofrecer un modo banal de acceso a la trascendencia pues la necesidad humana de alivio es insaciable. Mediante el empaquetamiento, el diseño y la publicidad comercial de la mercancía los pueblos participan de una forma posible del consuelo. Mercancía, en el mundo globalizado, no quiere decir, tal cual se publicitó ampliamente, más productos tecnológicos y culturales al alcance del consumidor; significa, por el contrario, que todos los bienes del mundo están siendo tasados y formateados como mercancía.

De modo que las sociedades de los países "pobres" –el índice lo confeccionan las naciones "ricas"– no solamente deberían meditar en su inevitable encastre a la nueva configuración del mercado, sino también proceder a un análisis estratégico de sus propias fuerzas y capacidades para hacerlo a su favor. No solamente ha de estimarse la celeridad de los procesos de acople de culturas, también la imprescindible desaceleración del movimiento cuando éste damnifica los intereses de una colectividad. Integrarse al mundo es una necesidad que han experimentado la mayoría de las culturas del planeta, pero este mundo no es, como muchos suponen, una Jerusalén liberada y gratis. Internet, que también se desplegó en la década de 1990, aparenta ser un bien celestial en su aparente inmaterialidad, pero por detrás de su modelo ideal de conmutador telefónico superdemocrático se ocultan los organigramas de poderes terrenales. Tampoco los estrategas que se ocuparon del trazado de la red ferrocarrilera del siglo XIX tenían en cuenta únicamente la comodidad del pasajero.

Las imágenes del mundo suponen un reparto del mismo. Ya los primeros globos terráqueos, contemporáneos de Colón, reorientaron la mirada de la gente cultivada. Por entonces, los mapamundis dejaron de incluir el paraíso y el infierno como "lugares" a ser tenidos en cuenta por viajeros y navegantes, en tanto Jerusalén dejó de ser ubicada en el centro del Atlas, como era costumbre. Una de las proyecciones del cartógrafo Mercator, uno de los mejores de la época, hacía converger todas las líneas del mapa sobre el continente europeo. Y por cierto, el expolio de las antiguas colonias no ha cesado y es acometido ahora en nombre del mundo global. Quien sólo percibe el retorno de los flujos que rebotan contra los confines del mundo puede perder de vista que el punto de impacto de la piedra donde se inició la onda sigue en el mismo lugar, aun cuando la tierra gire, los planetas roten y la historia no se repita igual.

Argentina siempre ha sido el nombre de un territorio de frontera. Aquí siempre prosperaron los procesos osmóticos. De allí que las defensas cerradas de lo "local" ante lo global resulten ser, en este país, una curiosa pretensión que desconoce el modo en que nos hemos ido enraizando. Además, el sentido de lo "local" necesariamente se juega en el eje señalado por lo "global". Inevitablemente también, su uso teórico y político es defensivo. Además, aunque Miami haya sustituido a París como luciérnaga urbana, el modo de orientación de la mirada "local" no ha cambiado. A lo sumo, las pugnas entre imaginaciones distintas establecen un espacio de irresolución, frustrante, a veces autodestructivo.

Mientras la globalización fue un proceso en cuarto creciente y en tanto la idea de nación siguió siendo obsesión política, la creación cultural absorbía los influjos externos y los maceraba en el círculo vital de las pasiones locales. Pero los impactos sociopolíticos de la década de 1990 encontraron al país tan ansioso de apreciar experiencias novedosas como desguarnecido y cegado ante las consecuencias no siempre benéficas del frenesí modernizador. El ingreso de mercancías de todos los puntos cardinales fomentó el consumo de bienes obsolescentes y también hizo desestimar cualquier pensamiento que insistiera en la urgencia de resguardar y proyectar la vida industrial de la nación. A su vez, la deuda externa, ascendente cabeza de tormenta, devenía en tema tabú en la misma medida en que asumía la forma de un cepo cerniéndose sobre el país.

El balance de la experiencia argentina con la globalización de los años '90 es ambiguo, típico ejemplo de la ambidextralidad nacional. En todo caso, la fortaleza de los símbolos globales requirió del empobrecimiento de los lenguajes nacionales y de su flora fabril. Algún día se analizará el rol cumplido por nuestro snobismo acrítico y agresivo en la aceptación de espejos coloridos así como nuestra falta de previsión ante la introducción acelerada de políticas económicas, exitosas quizás en otras partes pero problemáticas aquí. Hubiéramos necesitado de las advertencias de una Casandra, pero los argentinos nos creíamos sitiadores y no vecinos de Troya.

Lo cierto es que en aquel tiempo la figura de la nación se volvió anómala, mitad balbuceo incomprensible, mitad agitación turbulenta. Se superó el nivel de daño tolerable por una población, y al final el vaso rebalsó en riada, ya hacia fines del año 2001. Para entonces, la superposición de estropicios había forjado una maraña difícil de desenredar. Las voces que en aquel año se diseminaron en el espacio público tenían forma de línea quebrada. No podían sino responder a una gramática fisurada, incluso amputada. Nos vimos forzados a reconstruir las preguntas en el contexto de posibilidades existenciales pauperizadas.

La letra y su molde

El "analfabetismo" es una invención de la cultura letrada y no el atributo de seres sin escolarización. Por lo demás, la intimidad con las letras no garantiza ilustración, pues existen analfabetos pertrechados de tecnología, cientos de millones de ellos.

La letra y su molde

LAS RUNAS, al igual que las pinturas rupestres, dejan una postrera impresión de perenne precariedad. También los primeros palotes esbozados por los escolares son garabatos inestables. En el extremo opuesto hallamos los tipos de imprenta contemporáneos a que recurren los usuarios de programas de computación. Aun así, la escritura a mano sigue homenajeando a los antiguos forjadores de runas, a las que consideraban portadoras de secretos.

No importa si rasgueada en la piedra o en el papel, la idea chispea en el pulso. La escritura, al igual que el lenguaje hablado, se corresponde menos con el manual de gramática que con el balbuceo o la confesión. Entrelazados, la mano y el oído, el alma y las cuerdas vocales. En la conversación, efímeros silencios separan cada palabra dicha. En la escritura, mínimos espacios en blanco se interponen entre palabras amontonadas de corrido. En la lectura, leves vacilaciones hacen respirar a la vista mientras recorre la línea impresa. En la escucha del interlocutor se reconocen silencios, en la escritura las palabras se evidencian entre silencios, al leer también se respetan esos silencios. El habla sonora, la redacción rápida y la lectura veloz no borran el silencio, más bien lo confirman. Porque está entre las palabras y entre las voces ese silencio es una espera del siguiente hilo de voz. En esa espera está supuesto algo en común.

Los anarquistas no veneraban los derechos de autor, el así llamado "copyright", en la suposición de que lo escrito, aun por "grandes autores", pertenecía al erario común de toda la humanidad. No faltaron los que se negaban a firmar sus artículos o quienes solamente recurrían a seudónimos. Y por cierto, los numerosos pueblos sin escritura no por eso carecieron de saberes ni de formas de transmisión de los mismos. El "analfabetismo" es una invención de la cultura letrada y no el atributo de seres sin escolarización. Por lo demás, la intimidad con las letras no garantiza ilustración, pues existen analfabetos pertrechados de tecnología, cientos de millones de ellos.

Las sucesivas tecnologías letradas siempre han sido celebradas como mojones de un camino evolutivo. Pero no es claro que la invención de la imprenta haya producido una "revolución mental", como suele reiterarse en periódicos y programas curriculares de materias universitarias. Durante mucho tiempo el artificio de Gütemberg dio a conocer mayormente obras religiosas, contribuyendo de este modo a la extensión de la Reforma Protestante. Toda "última" tecnología se propaga junto a una "buena nueva" y eso desde los tiempos de la "propaganda fide", cuando los misioneros andaban por el mundo promoviendo las sagradas escrituras, y como no siempre alcanzaba con la fe, la tecnología –la espada– apuntalaba la conversión de escépticos y desconfiados. A una técnica letrada no hay que juzgarla por la descripción publicitaria que hace de sí misma, ni por sus funciones, sino por su encastre con ideas y usos que trastocan incluso su propósito original. La imprenta sólo se volvió significativa luego de su enlace con la filosofía de la ilustración, la alfabetización masiva y la escuela pública obligatoria. Y tanto se leyó el libro de primeras letras como el pasquín para fanáticos.

Los chinos saben que la caligrafía expresa estados del ánimo y no solamente virtuosismo táctil. Un dejo de tristeza o un instante de inquietud dejan lo escrito en estado de temblor. El grosor del trazo o el difuminado de un acento hacen del ideograma un sismógrafo del alma. La cinética del meneo del pincel de cerda equivale a la frotación que arroja sombras "chinescas" sobre la pared. En Oriente, al revés que en Occidente, la caligrafía no se constituyó primordialmente en una técnica sino en un arte e incluso el propio emperador de la China estaba obligado a demostrar cierta competencia en este tema. También el lápiz y la tecla responden a inesperadas reacciones emocionales que luego adquieren forma de sintaxis y estilo sobre el papel o la pantalla. Pero la "amigabilidad" de las tecnologías al uso no se corresponde con un ábrete sésamo. Allí espera, nunca pellizcada, la cuerda secreta.

El ciudadano compra libros, pues para eso existen las librerías, como para otros consumos existen las jugueterías, las casas de electrodomésticos, las de repuestos para computación o las de accesorios eróticos. Ese ciudadano, propietario de alfabetización promedio y de un sobrante de sueldo, habitante de un país libre de censura y beneficiado con tiempo libre, es decir liberado del horario laboral, exige bienes espirituales que compensen el peso de la cruz de todos los días. Un quijote, un fausto, un hamlet, un martín fierro, y así sucesivamente, hasta que se consigue decorar por entero los anaqueles de la biblioteca. Pero leerlos supone hacer un esfuerzo equivalente –no igual, pero equivalente– al realizado por el autor al escribirlos. Por eso la mayor parte de la programación televisiva resulta ser una fuga compensatoria –y no un engaño– de las desdichas de la vida, sobre las cuales estos libros intentaban llamar la atención del lector.

No por escribir se es un autor y no por disponer de un medio de viabilidad tecnológico actualizado se mejora la autoría. Escribir, escribe el letrista y el periodista, escribe el taquígrafo y el amanuense, así como hay escritura en los carteles de la ruta y en los formularios burocráticos. La autoría pertenece, en cambio, al orden de las decisiones íntimas, puesto que hay autores que nunca han publicado y muchos que se prodigan en artículos y libros no lo son. Ninguna actualización tecnológica ayuda a tomar esa determinación. Sólo pueden hacer más prolija a la escritura o ahorrar tiempo. Aunque es dudoso que la computadora economice tiempo, como también es poco probable, para una época anterior y con relación a la pluma, que eso fuera logrado por la "máquina de escribir". La novedad no deja pensar la experiencia misma. En tanto nadie sale de su trabajo antes por más tiempo que haya sido ganado por la computadora, entonces a quien se le hace ganar tiempo es al dueño de la empresa, quien además multiplica la ganancia por causa de la mayor productividad lograda por los "ahorristas". Nada es imparcial en este terreno: en las escuelas anarquistas de comienzos del siglo xx, también llamadas "escuelas racionalistas", se enseñaba a los alumnos la regla de tres simple con este tipo de formulación: "Dado un trabajador en una fábrica que confecciona un sombrero en media hora a un costo de diez pesos y dado un patrón de la fábrica que lo vende a treinta pesos, ¿cuánto dinero robó el patrón al obrero?".

Poco antes de morir, el filósofo alemán Franz Rozensweig guiñaba el ojo a su mujer a determinadas horas del día. En 1921, a los treinta y cinco años de edad, le había sido diagnosticada una esclerosis lateral que fue dejando a su cuerpo progresivamente paralizado, hasta matarlo en 1929. Durante años no pudo moverse ni hablar. En ese estado tradujo, junto a Martin Buber, los primeros libros de la Torá. En sus últimos meses de vida dictó sus escritos parpadeando un ojo a medida que su esposa desplazaba un dedo sobre el alfabeto dibujado en un pizarrón. Hay experiencias que no admiten la figura de lo "extraordinario", ni aún como desafío e interrogación de las formas rutinarias de la escritura, porque una mano de mujer que recorre nerviosamente una pizarra no es una "tecnología de urgencia"; antes, pertenece al rango de los gestos de amor que inventan desesperadamente una técnica.

Bajo la piel, una extensa nervadura cuyas terminales llegan hasta las diez yemas. La mano es el ventrílocuo de la imaginación, su médium, el estilete que hace desangrar a su propietario. Toda escritura es personal, en tanto la persona no sea amanuense de sí misma sino centauro impredecible, en metamorfosis. El nervio del autor depende tanto de las ideas y formas de ser que perseveran en él desde siempre como de los estados de ánimo en trance. De igual manera, el carácter no es temperamento impetuoso sino obediencia a la napa nutricia de donde emerge "lo propio".

Hacia 1930 Paul Nizan se hizo rápidamente conocido en ambientes literarios de izquierda. Dos libros, *Adén Arabia* y *Los maestros materialistas de la antigüedad*, cimentaron su prestigio, amplificado además por su adhesión a las huestes del Partido Comunista francés. Sin embargo, de lo que observó mientras participaba en la Guerra Civil Española extrajo conclusiones políticas que lo enfrentaron a la línea oficial del partido. Fue expulsado y arrojado a la muerte pública, pues se quedó sin lectores "naturales", sin lo que suele ser llamado "contexto de recepción". De inmediato, en 1940, comenzó la Segunda Guerra Mundial y Nizan retrocedió en fuga junto a los restos desorganizados del ejército francés a fin de escapar de la encerrona alemana. Así llegó hasta la ciudad portuaria de Dunkerke, donde doscientos mil soldados quedaron cercados por tierra y por aire. En su mochila Nizan llevaba el manuscrito terminado de su última novela y dándose cuenta que la supervivencia no era cierta lo enterró en la playa, bosquejó un mapa del lugar y lo entregó a un soldado inglés con el fin de que se lo alcanzara a su esposa, refugiada en Londres. Cien mil soldados fueron rescatados de esas playas en condiciones dramáticas pero casi ochenta mil más sucumbieron en Dunkerke. Paul Nizan fue uno de los tantos desaparecidos en combate, el autor aún joven que ya comenzaba a ser olvidado. Al término de la guerra, la esposa de Nizan y dos de sus amigos se pasaron un verano entero excavando la playa en busca de la novela inédita. En el siguiente verano sólo la esposa continuó la búsqueda, revisando metro por metro de arena con el único auxilio de una pala. En el tercer verano, ella desistió. Tras el deceso físico, la muerte póstuma, pues esa novela podría haberlo ayudado a vivir un poco más entre sus contemporáneos, fulgor que le fue concedido años más tarde por Jean Paul Sartre, ex compañero de escuela suyo que era por entonces supremo existencialista y adherente a las ideas comunistas, y que prologó una reedición de Adén Arabia. Una pala de excavar empuñada por una esposa llamada Henriette, la desesperación de quien necesita leer imperiosamente unas últimas palabras.

La palabra "hipertexto", que sazona esporádicamente la retórica de los científicos sociales, de los periodistas y de algún que otro funcionario público, alude a la posibilidad de "cliquear" sobre ciertas palabras ya señaladas en la pantalla y de ese modo "saltar" del texto hacia otros "links", eslabones de una cadena potencialmente infinita, que informan sobre significados específicos. Aunque trompeteada a modo de innovación en el arte de leer, resulta ser una práctica que millones de lectores han venido haciendo por su cuenta desde hace doscientos años. Antes del "hipertexto", interesarse por una palabra o concepto, por su significado o por sus posibilidades interpretativas, suponía acudir a un diccionario o a un libro de referencia o a una biblioteca pública en búsqueda de mayor esclarecimiento, en lo que sin dudas era un proceso más lento del que permite la red informática actualmente. La velocidad y también la facilitación del cometido son los émbolos de esta novedad, en el caso de que la rapidez y la comodidad resultasen ser valores importantes. La demora y la resolución de obstáculos también instruían al lector.

El colapso eventual de la trama energética que sostiene al mundo actual no impide el encendido de una vela como tampoco a la mirada extraer usura de su resplandor.

Nocturnas urgencias animales empujan la mano hacia la mesa de luz tanto como hacia la mesada de la cocina. También hacia la carne propia o ajena. Cualquiera puede leer un libro, no cualquiera puede comérselo. El conocimiento del alfabeto y de la gramática no habilita el comercio carnal con el libro. Algunos procuran recreación. Otros, suspicaces, le buscan la quinta pata al gato. Muchos otros engullen porciones de saber a la moda que han de ser evacuadas a fin de hacer lugar a nuevas reposterías.

La vista es órgano del gusto. Si la boca tiene intercambio con alimentos, cuerpos y palabras, entonces hablar, besar y comer se pertenecen mutuamente. "Saber" y "sabor" provienen del mismo lecho etimológico. Un lector se comporta, con mayor o menor intensidad, como un antropófago: los ojos son dientes; las emociones, papilas gustativas; la vida entera se vuelve mañosa o glotona. El metabolismo del lector existe. Los libros penetran el cuerpo a la manera de los huéspedes intempestivos que trastocan el orden jerárquico de los órganos corporales, aun cuando esos momentos infinitesimales en que la combustión de un instante encogió o regocijó el corazón nos pasen desapercibidos.

Los libros irradian "algo", un fluido que el lector percibe tanto como siente la presencia próxima y evidente del calor de la estufa. Invisible ectoplasma. La biblioteca es guarida de monstruos y de santos, puesto que la imprenta los parió por miles, garantizando de este modo, un aquelarre. De otro modo una biblioteca personal sólo expone los vestigios de la edad de formación escolar o bien la evidencia circunstancial de la puesta al día de un saber profesional. Entre la variedad, los libros que "tocan" temas escabrosos o tabú nos desafían a traspasar la incredulidad, el asco o el espanto para poder asimilarlos. Pero los libros que exponen los abismos cavados por los propios seres humanos nos conceden apenas un atisbo de la orilla tenebrosa: una borra, su haber acontecido.

Ante el desplome y la aniquilación, los libros promueven el estoicismo o la rabia. O bien enseñan que las metamorfosis del alma, del cuerpo o de la fortuna suceden entre elevamientos y derribos, entre ensalzamientos e infamaciones, que encapullan y despuntan, espasmódicamente, nuestras biografías. Los libros pueden enseñar esa lección porque durante el tiempo de la lectura somos tragados por cetáceos o arrojados a un pozo, al igual que les sucedió a Jonás y Job.

De las bibliotecas públicas puede solicitarse en préstamo un libro cualquiera y olérselo en la esperanza de que algunos átomos sueltos del pasado penetren en nuestros pulmones. O pueden depositarse en la calle algunas pilas de libros de la biblioteca personal, sin excluir los muy valorados, y luego esperar para ver quien se los lleva. Pero algunos libros no están refilados y hay noches en que sólo pasa el camión de basura.

SOBRE LA MÁQUINA DE ESCRIBIR

Hay en el mundo más mercancías desechadas que bienes en uso. Se oxidan en los basurales, se las encuentra en las altas montañas, flotan en las corrientes marinas, se hunden en la tierra presionadas por mayores túmulos de residuos y escoria, y la contaminan. Es el reino de la obsolescencia. La fecha de vencimiento de un producto, o bien el lanzamiento de ultimísimos modelos de tecnologías cotidianas, desbarranca al inmediato predecesor hacia el río del olvido. No vuelven, aún cuando a veces son recicladas en algunos países africanos o en los mercados de pulgas. Quizás sea la prueba de que la dinámica del progreso es absurda: en el próximo pasado un derroche de esfuerzo y riqueza y quien no llega al futuro se pierde lo que viene, que siempre es mejor. Incluso a un dios poderoso le costaría mucho esfuerzo volver a reponer en escena todos los objetos tecnológicos que han sido dejados de lado por la historia tan sólo en las últimas décadas.

Recientemente algunas pequeñas empresas se han dedicado a rescatar de su sepultura a la vieja y sólida máquina de escribir, que por más de cien años reinó en los escritorios, para ser acoplada a la pantalla de la computadora a modo de teclado. Pero la noticia no supone una oferta para recalcitrantes o melancólicos. Ocurre a veces que elementos perimidos son recuperados, como sucedió con la luz de neón en la década de 1980. La moda suele rastrillar el pasado para satisfacer nichos de mercado o la mera nostalgia. En este caso no se trata de una reposición que conduzca a meditar acerca de la rueda de hámster de la actualización tecnológica permanente ni en el alegre abandono de lo que podría haber seguido siendo usufructuado con una mínima inventiva industrial. No suscita pensamiento sino complacencia por la nueva posibilidad de dispendio. Aunque factible, la cosa tiene aspecto de engendro chic.

Es curioso: el objetivo de quienes proyectaron las primeras máquinas de escribir era desarrollar un método de escritura para ciegos, pero la patente y la comercialización quedaron a cargo de la Compañía Remington, que se dedicaba, en Norteamérica, a la producción de escopetas y rifles, amén de municiones. Luego, la exitosa diseminación de la máquina de escribir dependió del aumento de los intercambios comerciales y de la alfabetización masiva, es decir de la oficina y de la escuela, igual que sucede ahora con las computadoras y con Internet (también originada en un sistema de defensa ideado por el Pentágono), cuya manipulación se aprende a muy temprana edad y se amortiza en la edad adulta en los procesos laborales.

La máquina de escribir está muerta, ya no se fabrica más. No puede revivir, ni siquiera a título de aplique mecánico para una red de conexiones electrónicas. Hoy es el teclado de la computadora el juguete universal de niños, gente grande y ancianos. Pero escribir es faena de otra índole. El porvenir difícilmente se interese por la megamasa de datos, informaciones y textos que estamos amontonando en la actualidad, sino por palabras más eternas, del mismo modo que de las antiguas tablillas de arcilla desenterradas por arqueólogos nos importa más el fragmento de una odisea o de una teogonía que los inventarios de existencias o las partidas contables registradas. La escritura significativa no es efecto del acople de teclado y papel o pantalla, aunque quizás sí lo sean la prolijidad y la rapidez, especialidades de las dactilógrafas de antaño.

La tableta de luz

*Un libro electrónico es, en sí mismo, un estante
interminable, de modo que las bibliotecas
personales se volverán irrelevantes.
El libro ya no es el símbolo de esta época
por más que sea más leído que antes,
que se escriba aún más abundantemente,
y que sigan publicándose tsunamis de tinta.
El símbolo es la pantalla.*

La tableta de luz

NO HACE MUCHO QUE el libro electrónico es una realidad y ya puede pronosticársele un largo porvenir. Habrá quienes seguirán prefiriendo la página de papel, como los tercos y los que anticipan su nostalgia, y una generalidad que se decantará por la tablilla iluminada, a la que se recurrirá a modo de juguete, comodidad o superación de lo ya conocido. Es extraño que haya habido desacuerdos acerca de las bondades o maldades del "ebook", es decir del soporte técnico de la lectura, por cuanto no los hubo en torno a la telegrafía con hilos o sin hilos, o con respecto a la recepción de imágenes en aparatos de televisión o de plasma. Lo que está en juego trasciende a la novedad tecnológica y no concierne tanto al futuro del acto de leer sino a la posible relegación del libro como emblema de una superioridad moral.

En verdad, la mayoría de los libros no vale la pena. O son redundantes o son paupérrimos en significado. No importa si impresos sobre papel o comprimidos en tableta de luz, no tiene sentido lisonjearlos como si fueran fetiches. Las bibliotecas públicas, las casas editoras y las librerías de viejo sobreabundan en títulos que a nadie interesaron o que en nada contribuyeron a la sapiencia del público. Un libro no es un "logro" de la cultura, papel que le cabe al alfabeto, con el cual se hace el zurcido de toda narración y de toda cosmogonía. Ya son demasiados los libros que terminan arrojados al osario común de la industria editora, aunque ahora se les eche un vistazo en productos vendidos por Google, Apple o Barnes & Noble. Cuando el contenido no da la talla del árbol que fue serruchado para hacer lugar al gozo del autor o a las veleidades estacionales del lector, entonces no es el soporte técnico el problema sino el nuevo imperio de la información que sustituye al anterior, en el cual la cultura libresca importaba e incluso preponderaba.

Un libro electrónico es, en sí mismo, un estante interminable, de modo que las bibliotecas personales se volverán irrelevantes. También se evaporarán las horas dedicadas a la búsqueda de un título agotado o a penosísimos trámites para conseguir un documento traspapelado. Habrá acceso potencial a cientos de miles de libros, aun cuando a nadie se le concederá tiempo de más para leer, para no mencionar los muchos libros de papel que desde hace meses, o años, esperan su turno en la mesita de luz. Que el dilema del almacenamiento parezca resuelto no quiere decir que la Biblioteca de Alejandría haya sido restaurada y colmada. No siempre lo que una época decide archivar es lo que la siguiente está dispuesta a valorar. Hace doscientos años a nadie se le ocurrió que valía la pena hacer registro de las antiquísimas canciones de cuna que aún se cantaban. Fueron olvidadas. Cien años atrás tampoco se resguardó la escritura de los indígenas norteamericanos "dibujada" en pieles de animal. Quedaron muy pocos ejemplares. Hace menos tiempo aún, nadie previó que las películas mudas interesarían en el futuro. Están casi todas perdidas.

El lema de la Feria del Libro local, "Del autor al lector", habrá resultado premonitorio de un nuevo modo de distribución de libros. Se eliminarán los intermediarios, del representante literario a la compañía editora entera, y cada autor se transformará en una pequeña empresa, una vuelta de tuerca más a la actual posibilidad tecnológica del "print-on-demand". Lo cierto es que el libro ya no es el símbolo de esta época por más que sea más leído que antes, que se escriba aún más abundantemente, y que sigan publicándose tsunamis de tinta. El símbolo es la pantalla. Forzosamente, la cultura del libro, que significaba estilo espiritual más que acopio y actualización, será subsumida en nuevos modos de transmisión y jerarquización de la información, dentro de inéditos estatutos de saber menos inclinados hacia la "República de las Letras" que hacia un régimen populista vagamente desjerarquizado e ilimitadamente interconectado. Es el triunfo de la opinión pública.

El lanzamiento al mercado del iPad, del Nook, del Kindle –todos con acceso a Internet– acompaña el ascenso de un imperio de la información, así como la imprenta lo hizo con la Reforma Protestante y el discurso científico, y el telégrafo y el servicio de correos con el capitalismo y la implantación de colonias en el África y el Asia. La Modernidad no es sinónimo excluyente de progreso. El supuesto de que la red informática, por sí sola, conducirá a la descentralización de todo poder es una creencia entusiasta por demás. También los comienzos de la radio estuvieron poco controlados, hasta que se metió allí el dinero en grande y los departamentos de censura de los gobiernos. La llave maestra de las interconexiones lo es del control también. Esa reversibilidad es inapelable.

Después de todo, leer en pantalla o en papel es cuestión de gusto. Por lo demás, ya todo el mundo ha hecho de la computadora su rutina, quizás su alienación. Durante mucho tiempo aún –décadas– convivirán los dos soportes del texto, pero puede avizorarse el día en que no se fabrique un solo libro más en papel. Eso supondrá una gran noticia para los bosques de todo el planeta aunque quizás no para los mineros del África central, a los que se les pagan miserias por deslomarse extrayendo de la tierra minerales "estratégicos" –el cobalto y el tantalio– que son imprescindibles para el funcionamiento de las tabletas electrónicas del hipócrita lector.

Medio mundo

*Internet no es un entretenimiento,
un instrumento laboral o un nuevo
espacio empresarial, es un arma de
instrucción militar masiva para gladiadores
optimistas y bonachones.*

Medio mundo

UN IDENTI-KIT

SE PARECE A UN laberinto, según una metáfora trillada, pero también a un conmutador telefónico, imagen que parece condensar su ideal de sociedad. De modo que la vieja red ferrocarrilera no le es genealógicamente ajena, como así tampoco el organigrama de una "gran corporación". Aunque en estado operable a todas las horas del día y de la noche, no deja de ser una gran circunferencia que organiza el tiempo y el espacio de los seres humanos. Hay minuteros, hay segunderos, es decir hay cómitre. Y un fantasma recorre ese mundo, un centro de vigilancia y control que se deshilvana y recompone en millones de pantallas. Su geometría es la del mandala, esa figura oriental cuyos cuatro lados son simétricos y de donde se sale y se ingresa por cualquier parte. Y su astrología, un mapa fractal del inconsciente.

Internet no es un dispositivo de "última generación", como creen los taquicárdicos y los desinformados, es una idea que viene desplegándose lenta pero imperiosamente desde hace siglos. Habrá sido en la década de 1990, al soltarse la hilatura informática por todos los conductos esenciales de la vida social, o habrá sido hacia 1981, cuando se pusieron en venta computadoras personales, o en 1946, fecha en que una computadora de la talla de un mastodonte hizo ronronear a sus válvulas y circuitos por primera vez en la historia, o quizás haya sucedido en el siglo anterior, cuando un tal Babbage inventó las tarjetas perforadas, o incluso en el siglo XVIII, ya descartadas de la "comunicación" sus connotaciones religiosas, y en ciudades que habían alcanzado el millón de habitantes, al hacerse necesario informar a unos de lo que otros hacían en el extremo opuesto del mismo hábitat o en lugares remotos, o bien muchos siglos antes, en el momento en que comenzaron a clasificarse los peces que nunca nadie jamás comió o las estrellas a donde nunca nadie jamás viajó, potenciando así una apresurada voluntad de tratar la riqueza de la realidad como "información".

Fue preciso, antes que nada, orientar el sentido de la vista hacia aparatos técnicos de captura de "representaciones" visuales y transformar al habitante urbano en un "observador" incesante. Ante miles de estímulos constantes, el ojo deviene en rotor instantáneo. Igualmente, la presencia, en ámbitos domésticos o públicos, de artefactos ópticos, del diorama a la linterna mágica y del cine a la televisión, significó imponerle lazarillos a la vista. Por lo demás, los flujos de información se cruzan todo el tiempo, y primordialmente, con flujos de capital, en tanto los futuros imaginados a lo largo del siglo eran una ciencia-ficción factible, cuanto menos un "efecto especial" convincente. De este modo, cualquiera puede estar cierto de que hay más "verdad" en Internet de la que había antes en los textos de lectura y mucho antes en los relatos orales que transmitían historias de dioses y animales mitológicos.

Decir que es una voluntad de poder es definir a Internet. Hay que ver, desde lejos, la danza orbital de cien satélites artificiales de comunicación vigilando e intercronometrando las actividades humanas, y el titilar de computadoras, por cientos de millones, localizables como alfileres de color sobre un mapa de estado mayor, y al tráfico inmensurable de dinero pulsando a lo largo de la red, y a los miles y miles de microemprendimientos que mantienen el flujo sanguíneo en las innúmeras nervaduras como estaciones de servicio a lo largo de una carretera. Es un todo funcional y un sistema guerrero en marcha apenas en su curva de ascenso. Así sucedió con anteriores voluntades de poder, el Imperio Mongol, la evangelización cristiana, la industrialización del mundo. Toda labor humana que no se adecue a sus exigencias y necesidades, es enviada al ocaso. Sólo subsisten a título de bien de museo, anacronismo viviente o costumbre inofensiva. Internet no es un entretenimiento, un instrumento laboral o un nuevo espacio empresarial, es un arma de instrucción militar masiva para gladiadores optimistas y bonachones.

La red imita el serpentario. La palabra virus significa, en latín, "veneno", y el daño nihilista o las actividades de delincuencia son el inevitable mal venéreo de Internet, su falla de fábrica. También el accidente de tránsito es inextirpable de la autopista. La vigilancia subrepticia de los "usuarios" por parte de supercomputadoras de las que apenas se tiene noticia ya es harina de otro costal. La voluntad de control de los estados modernos y la cultura del secreto que desde siempre ha signado a los servicios de inteligencia gubernamentales, están adosados a la red ya desde la época en que era un embrión diseñado y nutrido por el Pentágono. Cada cosa tiene su doblez, es decir su sombra.

Si en algunas décadas más Internet será sinónimo de una nueva economía, de inéditas formas de la opinión pública y de acción política, o de un tipo de hábitat que recién se encuentra en estado de prototipo, nadie lo sabe aún con certeza. La red recién comienza a desplegar sus fuerzas y sus próximos pasos están garantizados porque mayormente se ocupa de duplicar nuestra forma actual de existencia terrenal en un lugar llamado ciberespacio. Pero Internet podría desaparecer en no demasiado tiempo, quizás superada por complejas formas de interrelación humana, incluso tecnológicas. A la fecha de vencimiento de las máquinas no se la incluye en los manuales del usuario.

Clavos miguelito

*Las multinacionales no pretenden
acabar con el contrabando (…)
sino imponer su jurisprudencia.*

Clavos miguelito

Todos los estados mayores de ejército saben que no se puede ganar una guerra a fuerza de alfilerazos. El sabotaje, el atentado, la contrainformación, el uso de agentes dobles, los asesinatos selectivos de líderes políticos, incluso las acciones de guerrilla, son instrumentos de los cuáles se han valido siempre los países en guerra. Pueden llegar a desgastar al contrincante pero no decidir el curso de una conflagración. Se dice que las guerras del futuro serán "inteligentes", breves y de "precisión", definitivamente tecnológicas. A veces, incluso, se las pronostica sin víctimas. Es algo que se viene prometiendo desde la época de los "ataques relámpago" del ejército alemán al comienzo de la Segunda Guerra Mundial. Hasta el momento, esa profecía se ha demostrado fraudulenta.

Lo cierto es que la "política de los alfilerazos" cunde en Internet y que muchísimos filibusteros cabalgan las redes como cowboys justicieros. Sus hechos zumbones y sus picaduras fastidian a las autoridades y los potentados, pues también en la red hay oligopolios, pero no dejan de ser actividades de retaguardia, a las que, dentro de ciertos límites, se tolera a desgano, como se hace con los parásitos empecinados que viven a costa de otras especies. Sucedía, en otros tiempos, que por cada nave que los piratas capturaban o hundían, flotas enteras atravesaban indemnes el océano con sus riquezas a cuestas. En este juego hay jugadores mejor posicionados y con recursos más abundantes que les garantizan subsistencia y supremacía.

En Internet, el activismo de individuos autónomos o de comunidades que coordinan ataques sobre un enemigo en común, al estilo de la marca "Anonymus", muy dinámica últimamente, es constante y múltiple. Según el eufemismo vigente, dejan tras de sí "daños colaterales". Pero ya se trate de llaneros solitarios o de fraternidades conjuradas, se les da caza, a veces de a uno por uno y otras mediante la persecución jurídica o mediática de un "caso testigo", seleccionado del enjambre anónimo como enemigo público plausible que puede hacer cuadrar al resto en un identikit genérico. En ocasiones la cacería toma como objetivo alguna pieza mayor.

Los departamentos de inteligencia estatal están habituados a desviar el golpe del antagonista a favor, o bien, incluso, a reconducir distintos regueros de pólvora ya existentes hacia una explosión controlada que, a su vez, suprime la amenaza. Solían recibir el nombre de "Operaciones de Bandera Falsa". En esos casos, las represalias suelen ser desproporcionadas. Ciento veinte años atrás, las autoridades españolas decidieron dar una lección a los laboriosos anarquistas que soliviantaban el alma de los campesinos andaluces. Se escenificó un proceso espectacular en la ciudad de Cádiz. Cientos de personas fueron acusadas de pertenecer a una secta secreta llamada "La Mano Negra", una presunta organización terrorista. Falsos testigos incriminaron a los inculpados y al final siete campesinos fueron exhibidos en la plaza pública y de inmediato se les desnucó por aplicación del garrote vil, un método medieval de dar muerte. Dos cosas eran ciertas: había anarquistas en la región y no existió ninguna sociedad secreta. En todo caso, la protesta regional quedó momentáneamente desorganizada.

Las tecnologías de la comunicación siempre han intimado con la guerra. En 1866, durante la contienda bélica entre Austria y Prusia, el telégrafo otorgó la victoria a los alemanes por mejor y más rápida coordinación de movimientos de tropas. Hacia 1944 el recientísimo radar concedió a los norteamericanos dominio casi total del teatro de operaciones bélicas del Pacífico. Internet mismo fue, en su origen, un dispositivo de defensa acuñado por el Pentágono. En la red informática los piratas libertarios comparten pista con expertos en espionaje industrial, detentadores de implícitas patentes de corso concedidas por los gobiernos de Rusia o de China, y con los departamentos especializados en guerra informática de los servicios secretos o de los ejércitos de las grandes potencias.

No por nada algunos países, notablemente China, mantienen activa una división de palomas mensajeras, que no pueden ser interferidas por radares u otros modos de seguimiento.

La fácil reversibilidad de la libertad ambulatoria de la información en control subrepticio no suele ser percibida como drama político porque el fetichismo de la tecnología es más poderoso que cualquier evidencia en contrario. Wael Ghonim, el ejecutivo de Goggle que estuvo en el centro de los acontecimientos que a comienzos de 2011 culminaron con la caída del presidente egipcio Hosni Mubarak, dijo: "La revolución comenzó en Facebook". Muchos creen que Internet –su matriz técnica– es un sujeto revolucionario en sí mismo, pero acaso sea un presupuesto entusiasta por demás. La modernización tecnológica no acarrea consigo únicamente el signo del progreso moral y político, también el de su negación, como sucedió en Europa en la etapa de entreguerra, o en la Unión Soviética luego de la revolución de 1917, o como sucede en China actualmente. A esos despliegues históricos no se los puede detener sembrando clavos miguelitos en la red. Eso requiere de un mito de la libertad más potente aún que el manual de instrucciones del funcionamiento de las máquinas.

Y ENTRE PULPOS Y MELÓMANOS

Se diría una desigual pulseada entre pulpos y melómanos: empresas ciclópeas lanzan sus perros de presa –abogados y policías– sobre la horda de copiadores ilegales de pentagramas informatizados. Las facilidades técnicas provistas por Internet así lo permiten, el así llamado "download". La escaramuza y el sabotaje siempre han hostigado al ejército triunfante, pero las batallas de esta guerra se dirimen en tribunales y los arreglos extrajudiciales no están descartados. Unos procuran ahorrar en gastos y los otros, reducir el espectro de fuga. Las multinacionales no pretenden acabar con el contrabando –tarea ardua– sino imponer su jurisprudencia: ningún poder persigue a todos los delitos ni a todos los delincuentes por igual, pero cuando decide dar una lección, hinca el diente hasta el hueso.

No hay dinero gratis en este mundo y si una matriz técnica habilita el cuentapropismo, también permite su fiscalización. La grieta por donde se huye de un sistema es también el conducto intravenoso que lo vigoriza: la "bajada" milagrosa de temas musicales no es desemejante a las "muestras gratis" con las que se captura al cliente reticente en destrabar su bolsillo. Además, el conflicto anuncia la desaparición del concepto de disco y la ulterior reorganización de la promoción y venta de música, tanto como su archivo y escucha. Las compañías musicales y las informáticas no tardarán en fusionarse, mutuamente dispuestas a minimizar pérdidas y compartir ganancias.

La persona que acopia archivos musicales de Internet se parece a quien se cuelga "del cable", una vez que el vecino se suscribe al mismo. En el extremo, sendas conductas prometen arruinar a las empresas de televisión por cable y de envasado musical

–un empeño loable– pero no es esa su ambición. Los piratas del Caribe cobraban arancel privado a los galeones transeúntes y ambos contendientes rapiñaban de las minas de oro donde se deslomaban los indios. La industria musical asesta el golpe pero su ánimo es negociador: saben que alguna vez el corsario Francis Drake recibió un título nobiliario por parte de la corona británica. El motivo de la disputa, tanto entonces como ahora, es el sacrosanto derecho de propiedad. La expansión de Internet se acopló a discursos sobre la "globalización cultural" y la "libertad de mercado", y a su manual de instrucciones pareció haber sido redactado por un idealista. Pero el capitalismo cobra peaje, a ciudadanos y consumidores, que suelen ser la misma persona.

Una opinión con respecto a los blogs culturales

Es inevitable que cada época se ilusione con sus juguetes nuevos.

Una opinión con respecto a los blogs culturales

EN OTROS TIEMPOS, LOS hombres conformaban una generación literaria podían ser encontrados en cafés estratégicos y sacando filo o espoleta a un manifiesto más o menos tremebundo, cuanto menos quejoso, e invariablemente urgente. Si algún destino existía para ellos, se resumía en fama u olvido. Las revistas culturales solían ser portavoces, o altavoces, de las intenciones grupales, es decir engranajes esenciales de su línea de montaje. Hoy, además, hay blogs culturales en Internet, cuyos precursores fueron las secciones concedidas por los diarios a las letras y las bellas artes, "espacios" luego confirmados por la televisión.

El blog "de ideas" ya es una institución de la cultura y los debates actuales en torno a su consistencia ontológica y técnica suponen una trifulca altisonante acerca de sus incumbencias, no menos que sobre la porción de prestigio e influencia que otros medios habituales y ya consagrados necesariamente han de ceder. No obstante, se sabe que de tales grupos, literarios o intelectuales, la posteridad picotea, a lo sumo, algún autor, algún título, si es que lo hace.

La causa de la preferencia por ciertos "soportes" de ideas, sea en papel o en pantalla, difícilmente será encontrada en el contenido, siempre perecedero, sino en la potencia articuladora y amplificadora de su forma técnica, que es mayor, incluso inmensa, a las posibilitadas por una revista o un libro. A juzgar por las "visitas", los lectores se multiplican como peces, en el supuesto de que los números computados por el "contador" del sitio informático signifiquen algo. En todo caso, los números altos de tirada de edición siempre han implicado éxito, no valor, al menos no primordialmente.

De Internet se dice que es una "revolución", palabra que ha demostrado ser un concepto productivo, amén de coartada y consigna. En su momento, también la invención del automóvil modificó "el soporte" y la celeridad de la circulación de la carne humana sin cambiar por ello el lugar de destino ni el motivo de la cita: fábricas, oficinas, ventanillas para trámites, complejos turísticos. Lo importante era la circulación en sí misma, y la novedad. Por debajo, sosteniéndolas, una enorme trama de intereses económicos y políticos.

En fin, que no faltó, dos décadas atrás, el exaltado que publicitó al zapping como manivela libertaria de la audiencia. Ahora, al igual que en el siglo XIX, se cree que el desinterés o el escepticismo por los símbolos del "progreso" son talantes poco menos que bárbaros, parecidos a la de esa gente que afea el paisaje urbano por no respetar los dictados de la moda. Pero es inevitable que cada época se ilusione con sus juguetes nuevos.

Nada a objetar: los sitios informáticos de ideas son tan útiles y significativos como lo son las publicaciones en papel o las bibliotecas. Pero suponerlos un trastrocamiento revolucionario en el orden de la cultura es el tipo de exageración enfática que suele acompañar a los discursos de sobremesa. Lo cierto es que el contenido raramente confirma otra cosa que no sea la apoteosis y el espectáculo del "yo", esa antigua muletilla de la vanidad y el narcisismo. Internet podrá parecerse a una galería de espejos deformantes, pero la retórica circulante remite a pronombres personales.

Ya es bastante improbable escribir dos o tres buenos ensayos o ficciones al año y la sola idea de publicarlos tres veces al día da vértigo, salvo que la opinión, por sí misma, haya devenido en género literario hegemónico, no menos que el carneo, el vómito y la maledicencia, juicios soeces que abundan en ese módico circo romano aunque sin el gracejo que el ingenio popular suele dejar en las paredes de los mingitorios públicos.

Esta época espera que cada hombre y cada mujer, cada niño y cada anciano, sean ricos o pobres, se transformen en "emisores". ¿De qué? Eso carece de relevancia, puesto que la experiencia inmediata del mundo se ha vuelto tan fugaz como una primera plana de periódico. Y por cierto, que los matutinos debatan la naturaleza de estos sitios informáticos es algo muy natural, puesto que nada hay más parecido a un diario que un blog con pretensiones culturales. Ambos han de ser llenados todos los días.

El blog, al igual que antes la revista de cenáculo, es menos una herramienta generacional que una tradición moderna: hay que hacer algo de ruido allí abajo para que los de arriba hagan lugar a las nuevas generaciones, en el caso de que la concordancia de fechas de nacimiento no sea apenas un abuso de investigadores universitarios. El barullo ha de ser lo más sonoro posible, pues hay gente aún más joven en las gateras exigiendo inclusión social. Quizás por eso la edad de los pregones más entusiasmados por la novedad técnica suele estar más cercana al nicho del cementerio que a la sala de partos del hospital.

Cincuenta años y millones de píldoras después

---

*Si antes el deseo despatarrado era signo
de la presencia del mal, ahora es
síntoma de buen comportamiento.
Norma universal, tarea para el hogar.*

Cincuenta años y millones de píldoras después

LA COMERCIALIZACIÓN DE LA píldora anticonceptiva al gran público, iniciada en junio de 1960 en los Estados Unidos, transformó, en apenas cincuenta años, el destino de la procreación, la pareja, la familia, el orgasmo, e incluso el de los futuros jubilados, al menos en Occidente. No es poca cosa y los beneficios de la así llamada "Revolución Sexual" ya son manifiestos. Si los burócratas que por entonces se encargaban del "control poblacional", alarmados por el tic-tac de la "bomba demográfica" del Tercer Mundo, imaginaron a esa pastilla como parapeto ante la propagación indiscriminada de la especie, pronto descubrirían que concedía a las mujeres del Primer Mundo un poder inédito sobre sus cuerpos y a las nuevas generaciones una nueva experiencia del sexo, inmunizado ahora contra el miedo al embarazo fortuito y a la deshonra pública. Por una vez, aparentemente, la moralina mordía el polvo. Se ingresaba en la era del derecho natural al goce, una demanda libertaria.

Este medio siglo de "proceso de transición" disolvió, del deseo, su aura pecaminosa, anclándolo en cambio en el ámbito de la salud emocional estandarizada, una nueva exigencia a la que muchísimas voces permisivas trompetean desde púlpitos laicos. Si antes el deseo despatarrado era signo de la presencia del mal, ahora es síntoma de buen comportamiento. Norma universal, tarea para el hogar. Un devenir algo irónico, no barruntado y seguramente no querido, pero sucede que ninguna época es capaz de adivinar su suerte próxima. Por ejemplo, a nadie se le ocurrió que una baja pronunciada de la tasa de natalidad, sumada a una mayor expectativa de vida, conduciría inevitablemente a poner en crisis el financiamiento futuro de las cajas jubilatorias. Quizás un posible subsidio estatal al consumo de viagra compense el imprevisto.

Tampoco se sabía entonces que la juventud, un emblema de cambio de aquellos años, devendría en "juvenilismo", un atributo de poder, ni que éste mismo, superpuesto al atractivo corporal, daría origen a un novísimo marcador de diferencias sociales que no depende del puesto, el rango o la fortuna sino de la captura de la vista, puesto que una imagen vale por mil palabras. Un "diferenciador social" distribuye a las personas en distintas posiciones de reconocimiento, influencia y poderío, de modo que la posesión de juventud y belleza —o bien su apariencia— se ha convertido en un pertrecho apropiado si se pretende escalar por el otro diferenciador social por excelencia, el que calibra la profusión o la privación de riqueza.

Esos diferenciadores inciden dramáticamente sobre los comportamientos personales en el mercado del deseo, cuyos límites y posibilidades se han ampliado como nunca antes en la época moderna debido a la costumbre de la separación y el divorcio, a la extensión de la ejercitación sexual hacia la pubertad y la longevidad a la vez, y a la búsqueda de aprobación visual de parte de conocidos y desconocidos. El cortejo, que es siempre competencia de plumaje, también es mascarada –viejo tema burgués– y se ha vuelto más competitivo y fuente de ansiedad a toda edad, quizás porque la institución de la pareja romántica ha demostrado ser menos plástica y recombinante que la de la familia, bastante bien amoldada a la época.

La utopía sexual de la década de 1960 ambicionaba una autarquía moral en cuestiones de sexo, pero la píldora anticonceptiva, su pasaporte al mundo de las mil y una noches, encontró una inesperada contraindicación, el imperativo de la "buena presencia". Para compensar la posición desfavorecida de todos aquellos que no dan la talla, las industrias del ajuste corporal vienen ofreciendo un servicio de transfiguración a base de cirugía, dietética, farmacología, gimnástica y sexología. Por cierto, eso supone esfuerzos enormes alejados de todo placer y algunos no carentes de riesgo. Pero eso importa poco a quienes envidian a las crisálidas y ansían una metamorfosis equivalente. No obstante, la vida posterior de las mariposas es efímera y no pocas de ellas culminan sus días clavadas y amortajadas detrás de un vidrio. Así, lentamente, las vemos pulverizarse, sin advertir que estamos contemplándonos en un espejo.

Sexo propio

*Parece vicio, pero es solamente
la representación idílica de una felicidad
anhelada y siempre conculcada.*

EL DESNUDO EN TELEVISIÓN

NO ES "NEUTRA": TIENE sexo propio. Pero para encenderse necesita de su *partenaire*, el celo del público. Ya son dos: fisgón y objeto de deseo. Suba de tono y movido realismo en televisión, sí, pero no pornografía, sólo emitida por canales abonados explícitamente al efecto. Aunque algo de ello hay, pero de costado y travestida, la que puede ser filtrada en forma socialmente aceptable para degustación de audiencias incuestionables: filatelistas, maestras jardineras, dependientes de comercio, profesores universitarios, opositores al gobierno, sin excluir a los padres que obsequian implantes de siliconas a sus hijas quinceañeras y a las madres que subsiguientemente las valorizan en diversos *castings*. Todo legal, todo normal. De esto quedan excluidos los niños y las ninfómanas, que atienden a mejores cosas antes que fatigarse en la módica calistenia de apagar y prender el aparato una y otra vez.

Cierto es que también hay "desnudos" en museos y galerías de arte: en esculturas, pinturas y fotografías, para no mencionar el acervo de estatuas de dioses griegos muy fálicos y de estatuillas africanas de turgentes redondeces de dos mil años atrás. Los cuerpos que se exhiben en televisión son su parodia incompetente o bien su desdoblamiento farsesco para otro o el mismo público. Pero lo que en un lado es invalorable en el otro es barato, al menos hasta que el desnudismo presentado al "aire" no logre legitimarse como mercancía cultural. No puede descartárselo: el numerito risible de hoy puede ser objeto de museo mañana. Ya ha sucedido con las vestimentas de famosos, los cortes de pelo raros, y la cocina "de autor". Por el momento, la estimulación y la autopsia de piel están concentradas mayormente en las tandas publicitarias y en las humillaciones carnales propinadas a los solícitos participantes de esos programas de concursos en que famosos y aspirantes bailan en cuatro patas con el fin de arreglarle las goteras a una escuela rancho que a nadie interesa verdaderamente.

A la excitación la promueve menos la gerencia de contenidos que la audiencia. En este mundo, lo que se demanda mucho termina por ser ofertado, pero todo muy "cuidado", muy "estético", al igual que sucede con los desnudos exhibidos en los museos, cuidados por cámaras de seguridad y embellecidos por decisión de algún comisario de exposición que en otro tiempo quizás los hubiese rechazado por obscenos. Los escándalos abundaron en la historia del arte y ya se sabe que la voracidad de la censura nunca está cancelada del todo, aunque en este caso la intención es menos que mala: es solo sexo para la familia, en el filo de la prudencia, aliñado y presentado en sociedad con moño, escarapela, bandera en lo alto del mástil y saludo final.

Es pornografía blanda, y no podría ser de otra manera pues la afición por ese género audiovisual resulta ser una cría de la época, fruto de la cruza entre la "revolución sexual" y el desenfado mediático. Si aquella revolución peticionaba por vínculos sinceros y deleitosos, muy distintos a la hipocresía matrimonial acostumbrada, la serpiente acabó mordiéndose la cola: en épocas permisivas en cuestiones de atrevimiento genital la apariencia corporal devino nuevamente en señuelo e industrias específicas se dedican ahora a compensar las desgracias del cuerpo "imperfecto". Carne faenada entonces, la eyectada por gimnasios, clínicas dietéticas y quirófanos, que hace juego con los voluptuosos volúmenes que la televisión inyecta en la vista del público, puesto que la incomodidad y los dolores del cuerpo nunca fueron carnadas aceptables para la dinámica de la tentación. Tampoco la voluntad de echar un vistazo a un harén es anulable por la ley de la monogamia que rige al hogar.

De la conciencia del pecado emergía antes la potencia oscura de la obscenidad, pero hoy el sexo es salud. Obligación, también. Necesariamente, los medios masivos asumen el rol de sexólogos simpáticos y quizás por eso la televisión "abierta", que ha hecho del libre albedrío su único fuero, reduce el vigor y las ilusiones del deseo al rango de mascarada. Pero esas acrobacias de cabaret son, a fin de cuentas, inocuas: apenas un grano de sal y otro de pimienta arrojados sobre la pareja de novios o sobre el final de un día de trabajo y hastío. Parece vicio, pero es solamente la representación idílica de una felicidad anhelada y siempre conculcada. El descontento humano busca un paraíso perdido y la televisión le ofrece la danza de los siete velos a modo de muestra gratis de aquella postal. Pero es destape más que desnudez. Curioso: a la mujer primogénita que vivía en el jardín del edén le bastaba una breve hoja de parra para disimular su ardor.

El día de la escarapela

*Los mitos resultan ser verdades duras de roer:
no son supersticiones sino cristalizaciones
de la experiencia enraizadas somáticamente
a la vida colectiva.*

El día de la escarapela

El 14 de mayo de 1910, pocos días antes del festejo del Centenario y en momentos en que se debatía en el parlamento un proyecto de ley que habilitaba la expulsión de extranjeros indeseables, particularmente ácratas y también polígamos, el senador Salvador Maciá, ex gobernador de la provincia de Entre Ríos, expresó lo siguiente: "El mundo exterior que trae a nuestras playas las enfermedades exóticas nos trae también los aparatos y los medios de desinfección para combatirlas. La Europa, que nos ha dado civilización, progreso y libertad, con ejemplos y doctrinas, nos manda también corrientes subversivas que llegan, como enfermedades, hasta nosotros. A mí me asustan tanto los hechos que parecen grandes y notables, como los que parecen nimios y pequeños. Me impresionan los documentos de los anarquistas, como aquel en que llaman al gobierno argentino 'gobierno provisorio de la Nación', como el hecho, pequeño al parecer, sucedido en las calles, de las escarapelas arrancadas a viva fuerza de las solapas del saco de los niños inermes e indefensos de las escuelas primarias (grandes aplausos en la barra)"[1].

Habrá sido el desmedido gesto ocasional de algún anarquista que merodeaba por las calles con el alma soliviantada. Por lo general, para saciar su saña contra los símbolos nacionales, a los anarquistas les bastaba con desertar de filas, no entonar el himno o intentar ingresar a los lugares de trabajo en días de feriado patrio. Lo cierto es que, entre los muchos cargos levantados contra ellos, figura prominentemente el de "internacionalistas", gente contraria a las patrias. La atribución es verdadera, pero no absoluta. Por la misma época, los anarquistas debieron afrontar un dilema novedoso en la isla de Cuba. Aunque el mandamiento internacionalista era inherente a las ideas libertarias, la mayor parte de los anarquistas cubanos se había unido a la gesta independentista de José Martí, aceptando la bondad de esa causa "nacional".

Consecuentemente, en el año 1896, tres anarquistas hicieron estallar una carga de dinamita al paso del capitán general Valeriano Weyler, Marqués de Tenerife y Duque del Rubí, máximo comandante de las tropas españolas en Cuba. Negro es el color de los anarquistas, pero aquella vez se pusieron bajo la advocación de la estrella de Venus, el lucero

---

1. *Diario de Sesiones*. Cámara de Senadores. Congreso Nacional. República Argentina, 14 de mayo de 1910, página 125.

de la mañana, que brillaba en el triángulo rojo de la bandera azul y blanca del Partido Revolucionario Cubano, hoy en día la de Cuba. Ha habido causas y conflictos específicos que muchas veces demandaron flexibilidad y compresión de parte de los abogados de la revolución mundial. También los anarquistas tienen su patria chica.

NACIONAL

En la escuela pública, crisol de los hijos de los inmigrantes, la escarapela inculcada devino en índice de patriotismo a la vista, por más que los colores azul y blanco hubieran identificado, en 1810, a los partidarios de la casa de Borbón, no a los separatistas. Con el tiempo, las señas de identidad adquieren rango mitológico y los mitos resultan ser verdades duras de roer: no son supersticiones sino cristalizaciones de la experiencia enraizadas somáticamente a la vida colectiva. Están más cerca del canto que de la razón, más cerca del receptáculo de carne que del epifenómeno de su conciencia. Son inextirpables, porque no son opiáceos o rémoras de la prehistoria, sino fundamentos. El desprecio por los mitos de una nación conduce al voluntarismo o al elitismo, opciones que requieren de cabeza dura y autocomplacencia.

Compartir mitos no transforma a nadie en populista; quizás signifique un auxilio para acceder a los residuos ancestrales que se evidencian en los clamores populares, es decir en las reminiscencias orgánicas de la humillación de los vencidos. Cosa distinta es la pompa de acto escolar, la xenofobia o los delirios de masa, aun cuando en estos temas importe analizar con detenimiento los planes e intereses de los administradores del estado de cosas en un país y no solamente el hábito falso por repetido o las estampidas promovidas por la fantasía o la frustración. En todo caso, la adopción de un punto de vista universalista no supone superioridad moral de ningún tipo ni mejor capacidad de comprensión de los caprichos y disparates locales. Sarmiento no era el opuesto de Facundo sino su semejante y si al fin terminó siendo su Némesis fue porque se horripiló de la empatía erótica que él mismo sintió por su biografiado.

Los mitos nacionales sólo pueden ser combatidos por otros mitos poderosos, por ejemplo los que tienen al globo por emblema, o bien por una decidida voluntad de blasfemia. Hincar el diente sobre los males espirituales y las malas costumbres de la población es un gesto inhabitual, puesto que las verdades que se resisten a evidenciarse requieren de violentas conminaciones y de una obsesión atormentada por las mismas. El blasfemo no es un descreído, un no-creyente o un converso; más bien es un puritano, un retoño de la estirpe de los profetas. Alguna vez escribió Ezequiel Martínez Estrada: "Entre nosotros, el verdadero patriota ha sido el aguafiestas que pronunciaba la palabra que disipaba de golpe la borrachera general". Esa palabra siempre es fea e indigesta a la luz del día, aun cuando para decirla con ánimo de disidencia primero sea preciso participar de canciones grupales y de bailes que resultaban ser ajenos hasta que no se sumó uno a la jarana general.

Llevar a juicio a un país sólo es factible cuando el áspero sentido moral de la verdad ha sido trastornado (cuando la verdad y la nación se han vuelto enemigos jurados) o bien cuando se dispone de superabundancia de amor por la propia patria. El antipatriotismo sólo por preferencias cosmopolitas es un alegato insuficiente, para no hablar de aquellas personas meramente ofuscadas por haber sido decepcionadas en sus expectativas políticas o culturales. La cultura y la política exigen ser pensadas cuando son problema o potencia, no cuando se limitan a ser acto de gestión, tejemaneje, motivo de veneración u obra destinada a su exhibición, intercambio y archivo. El internacionalismo reducido a ilustración, mundanidad y recambio tecnológico es una consigna algo dogmática. No es lo mismo el hombre universal que el hombre de mundo, del mismo modo en que no son equivalentes la crítica a una nación por incivil que por no-civilizada. Por lo demás, el patriota de corazón es lacónico: sabe que mientras menos se mencione a la palabra patria, mejor. El uso de la escarapela le resulta un sucedáneo decididamente insuficiente.

EXTRANACIONAL

Entre los primeros entusiastas de Internet se contaron los militantes anarquistas, quienes homologaron la jurisdicción de la red informática con aquella otra, caribeña, donde en el siglo XVIII prosperó la piratería. Cada cual podía ahora afianzarse en su pequeña parcela de territorio liberado, fuera de alcance, en un paraíso de la desobediencia, extralegal y extranacional. Eso fue al comienzo, pero casi de inmediato se filtraron por la red el dinero en grande y también los servicios estatales de inteligencia, que de por sí degluten y procesan enormes masas de información confidencial, como si en ellos hiciera cubil el inconciente de un país. Aquel breve regocijo político supuso una estribación más en la historia de los vínculos fallidos entre tecnología y emancipación, pronto sustituido por el fervor algo más módico por la interactividad horizontal ilimitada, cuyo ideal se asienta en el viejo sueño de la fraternidad sin fronteras y que fuera reactivado, luego de la Segunda Guerra Mundial, por propuestas de instauración de un "estado universal" que pudiera garantizar la paz perpetua en el mundo.

Los atributos de Internet son la potencia, por no decir la voluntad de poder, la sincronización, la velocidad y la emisión irrestricta de información, y eso en los cuatro puntos cardinales, pero la red no es apátrida, no más de lo que lo han sido hasta el momento las corrientes turísticas o el consumo de televisión, que en su momento fue celebrado como un medio masivo capaz de mejorar la condición moral y educativa de la población. A pesar de que se la publicita como una innovación bienhechora y bonachona, hay poderes presentes en ella, particularmente los que son activados por nuestras sicopatologías. En Internet no se multiplican los antipatriotas sino los enemigos del "atraso tecnológico". Lo escenificado en los aproximadamente cien millones de blogs actualmente existentes son menos "dramas de identidad" de las naciones que revelaciones performáticas de masa, como las que acontecen en las fiestas adonde se concurre con máscaras.

Internet no es el campo de pruebas en el cual los mitos nacionales pudieran ser consagrados una vez más o desacralizados definitivamente, del igual modo en que tampoco el sistema postal universal o la red telegráfica o la transmisión de imágenes a distancia lo fueron para etapas anteriores de la modernización del mundo. Si en Internet las "redes sociales" —así se las llama— tienen o no tienen patria, si afectan mucho, poquito o nada a la fe en una nación, son cuestiones menos relevantes que prestar atención a las creencias que por medio de ellas son trasmitidas y reproducidas, mayormente por jóvenes, y que son cruel y significativamente parecidas a las ya difundidas por las generaciones que los antecedieron. No sólo la escarapela tiene forma de círculo vicioso.

Circos romanos
de la felicidad

---

*En un mundo de rutinas frías, la consecución
de momentos cotidianos de bienestar
novedosos, variado y vistoso se vuelve urgente,
puesto que, tarde o temprano, todo ciudadano
barrunta que su posición emocional en el
mundo es parecida a la de la fiera en la jaula.*

Circos romanos de la felicidad

TÉCNICA, ESPECTÁCULO Y BIENESTAR

NO SABEMOS SI LOS animales son felices, pero es casi seguro que ningún animal busca la infelicidad. Siempre están prestos a huir del dolor y arrimarse al placer. En cambio, el hombre es un animal paradójico, los placeres le son dificultosos y el dolor una presencia familiar e inmutable, a la que no siempre se le da la espalda. El hombre es el único animal que aprende a contrariar sus instintos, incluso a volverlos contra sí mismo, hasta llegar a roerse por dentro en forma triste y sórdida, y no sin consecuencias, puesto que departamentos gubernamentales enteros se ven compelidos a inventar modos de aplacar los sufrimientos humanos. Sobre esa materia psicológica vulnerable se erigieron buena parte de las instituciones modernas: las que atañen a la medicina, al psicoanálisis, a la industria del confort, y a la del entretenimiento también. Desde el siglo XIX, la frustración emocional, el tedio vital y el malestar con respecto al propio cuerpo fueron confluyendo en la forja de una personalidad insegura que muchas veces ha sido sentida como fraudulenta o inauténtica. De modo que la inestabilidad de los estados de felicidad se fue transformando en signo de época, y además en preocupación espiritual y esfuerzo psíquico de adecuación a las normas de la buena vecindad, de las que no está exenta la hipocresía. La búsqueda y la administración de la felicidad han ido deviniendo en trabajo cotidiano y angustioso, resuelto a veces por medio del acaparamiento de objetos y otras veces por ingestión de medicamentos o de placebos.

Ahora nos son inimaginables las peripecias y los esfuerzos que en otros tiempos debieron afrontar los antiguos habitantes de las cavernas. Y aunque quisiéramos, no podríamos emularlos, porque nos fallaría el ánimo, habituados como lo estamos al auxilio garantizado por fabricantes de medicamentos, organizaciones sindicales, entramados tecnológicos y dependencias asistenciales del Estado. Lo cierto es que en la actualidad se soporta muy mal la presencia del dolor o la ausencia de indicios de felicidad. Hubo un tiempo en que la población aceptaba las restricciones al uso de los placeres a fin de asegurarse una butaca en la eternidad celestial, pero en un mundo inmanente, como lo es el nuestro, la sola idea de hipotecar las oportunidades de ser feliz se vuelve repulsiva. Se ha hecho conciencia que hay sólo un mundo, éste mismo, y una sola experiencia del tiempo, la del día de hoy. Es justamente para garantizar una dosis diaria de alegría moderadamente catártica que se hizo necesario desplegar una cultura del espectáculo, sobre la que se ha venido espolvoreando, desde hace unos cincuenta años, unas cuantas hebras de chile picante, es decir de sexo enlatado para su degustación visual.

Las transformaciones culturales sucedidas en Occidente desde la década de 1960, que supusieron un creciente recelo con respecto a las éticas puritanas y los contratos emocionales de largo plazo, han culminado en un generalizado reclamo del derecho a gozar del "banquete de la vida". El hecho de que, en su origen, la así llamada "revolución sexual", tanto como las rebeliones juveniles, trajeran aparejada la promesa política de un mundo liberado y libertario, es decir "dado vuelta", no le impidió a ese mundo hacerse cargo de las demandas generacionales y abrirles cauce, aunque despolitizándoselas, por medio de dispositivos que conectan un flujo libidinal y otro de capital. De modo que el reclamo de apropiación y uso del propio cuerpo no fue incompatible con los servicios de mantenimiento del mismo ofrecidos por variadas industrias, de la dietética a la cirugía estética. Se lo puede considerar un efecto no deseado o no previsto de las rebeliones sociales de la década de 1960.

En un mundo de rutinas frías, la consecución de momentos cotidianos de bienestar novedoso, variado y vistoso se vuelve urgente, puesto que, tarde o temprano, todo ciudadano barrunta que su posición emocional en el mundo es parecida a la de la fiera en la jaula. Y justamente por ello se transforma en un soñador de lejanías que requiere que las industrias del cuerpo, del turismo y del espectáculo lo abastezcan de estímulos insólitos, sin poder percibir que la apreciación de lo "original", de lo "único", sólo se hace posible en plena era de la cinta de montaje y de la producción en serie, y que lo infrecuente está necesariamente subordinado a la repetición y la regularidad. Así, las formas de administración de la vida hacen de lo maravilloso menos la apariencia del milagro que la del efecto especial de los medios de comunicación. De allí en más la población se dedica a juzgar los espectáculos como hechos estéticos y los premia o castiga según complazcan a su ávida necesidad de consumir paisajes encantados y excitantes. Allí confluyen, entonces, el espectáculo, la tecnología y la permisividad erótica, en un contexto general en donde la salud emocional equilibrada es poco menos que un imperativo moral. Sustituye a la preocupación por el estado del alma de las épocas dominadas por la imaginación religiosa.

En el siglo XIX, el compositor Richard Wagner había emitido una advertencia profética con respecto al consumo social de la música, es decir el tipo de música que hoy llamamos "clásica". Wagner dijo que, si la música sólo servía para que los buenos burgueses de la ciudad concurrieran a la sala de conciertos a fin de ser transportados lejos del impiadoso mundo regido por el cálculo racional y la atareada vida industrial, si la música sólo servía para que, por apenas un par de horas, los asistentes a operas y teatros admiraran el virtuosismo de su ejecutante favorito, y si, además, resultaba que, cuando los aplausos al fin se apagaban y la sala era desalojada, los concurrentes se miraban unos a otros a la cara y se decían, "¿vamos a comer pizza a la calle Corrientes?", entonces la música no servía para nada. No pasaba de ser un pasatiempo rutinario e inofensivo, uno más de los tantos espectáculos del siglo XIX. En cambio, Wagner pretendía convertir a la música en el fundamento de un nuevo tipo de vida comunitaria. Ella, la música, debía regir el mundo. El supuesto utópico subyacente a esta petición hecha a las artes, en este caso la música, tiene una larga historia, iniciada con los románticos a fines del siglo XVIII y continuada por los surrealistas, ya en el siglo XX, y ese supuesto implica que la cultura no debe ser confundida con productos o mercancías.

Lo cierto es que el espectáculo conquistó el futuro, por no decir que lo tomó por asalto, orientando de allí en más el acople de los sentidos corporales, particularmente los sentidos de la visión y de la audición, a un mundo muy animado y sumamente dependiente de tramoyas técnicas. Ya desde los inicios de la vida metropolitana moderna el sentido de la vista tuvo que habituarse a reactivar incesantemente ante los innumerables estímulos gatillados por la urbe acelerada y por la maquinaria fabril en movimiento. La visión, inexorablemente, se convirtió en un auxiliar de la eficacia urbana, aunque no por ello cesó la búsqueda visual de acontecimientos que pudieran ser reputados como "auténticos". Por otra parte, la exposición permanente de la vista a los flujos tipográficos e ilustrados de libros, diarios y revistas, al diseño de mercancías expuestas en escaparates, a los caprichos de la moda, y a los afiches publicitarios que rotaban semana a semana, transformó a la Modernidad en la época del frenesí de la mirada, una incitación a ver que no ha hecho sino potenciarse una y otra vez con la invención del cine, de la televisión y de Internet.

En el siglo XIX, las invenciones ópticas admiradas por las multitudes en exposiciones internacionales de productos científicos e industriales, o en quermeses de pueblo, fueron muchísimas, y ciertamente las personas pudientes las adquirían con ánimo de brindar pasatiempo al hogar burgués. Existían caleidoscopios que alucinaban a los niños y telescopios que dejaban pasmados a los adultos; existían los dioramas, que eran pantallas pintadas y móviles acarreadas por ferias y circos de ciudad en ciudad; existían teatros de sombras chinescas y también placas astronómicas proyectadas por visores estereoscópicos; para las damas había "recortadores" de la silueta del rostro y del busto, y para los caballeros atractivas funciones de peep-show; y para toda la familia había poliscopios, cicloramas, estroboscopios, praxinoscopios y anamorfosis catóptricas; y también existía la linterna mágica, un prototipo del cinematógrafo. La mayoría de estos aparatos hoy están olvidados, y sin embargo todos ellos, y muchos más, contribuyeron a la pedagogía de la vista preparatoria de la cultura del espectáculo.

Fue un largo aprestamiento, pues, para que algo llamado cine o televisión o Internet hayan llegado a ser posibles, la invención específica de la cámara de filmación o de los mecanismos que posibilitan la transmisión de imágenes a distancia era tan sólo la consecuencia última de un proceso más general y más imponente: la transformación cultural del sentido de la vista, adiestrada de modo tal que el mundo pasara a ser formulable bajo forma de imagen, un tipo de acceso que compensaba el déficit de experiencia con paisajes pre-programados. Y por sobre todos estos cambios, se diría supervisándolos, se instaló un modo de relación entre la ciudadanía y la política basada en la delegación del poder propio en gobernantes y autoridades, al cual llamamos "representación". Pero la representación también es el espacio imaginario que permite el acople de las audiencias con espectáculos teatrales o audiovisuales, en ciudades, como lo fueron las modernas, donde el imperio de la moda y la instauración de un mercado público de personalidades promovieron la adopción de "máscaras" y el cumplimiento de "papeles" tanto en las calles como en interiores. Justamente en el momento de madurez del ensamblaje entero se inventó el cine.

Una segunda etapa de potenciación de los espectáculos comenzó en las décadas de 1920 y 1930, cuando dos acontecimientos que tendrían consecuencias duraderas y alcance mundial se hicieron evidentes: la desintegración del orden político del liberalismo y el acrecentamiento del gusto por los eventos de masas. Ahora importaba menos la forja de la unicidad personal que la organización serial de la multitud configurada en espacios arquitectónicos como los estadios, los palacios de cine o las grandes tiendas decoradas con el oropel del sueño. Necesariamente, la vía pública fue aprestada para que ejércitos de ciudadanos circularan funcionalmente, y también para la degustación ritual y repetida de diversas tentaciones expuestas en vidrieras y escaparates. La posesión de novedades y comodidades se transformó en índice visible de la felicidad alcanzada por una persona en un momento dado de su vida, y eso en un mundo en el que casi todo era transformado en mercancía.

Asimismo, se erigieron recintos ceremoniales específicos para ofrecer consuelo –o bien fuga compensatoria– a los dilemas de la existencia. Los cinematógrafos subsumieron algunas de las funciones psicológicas de las que antes se habían hecho cargo los frescos y los vitraux de las iglesias. La sala de cine es una innovación urbanística del siglo XX, aun cuando su ordenamiento escénico, en sí mismo, sea muy antiguo. Pero no fue la invención del proyector de películas la causa necesaria de su aparición, es decir el motivo tecnológico que habría necesitado luego de un ámbito específico para alojar a la audiencia. En verdad, hacía décadas que la ciudad moderna requería de un pliegue oscuro que diera cobijo a la imperiosa necesidad de interpretar las omnipresentes imágenes, del mismo modo en que la adivinación, durante la Antigüedad, se ocupó de desentrañar los mensajes que venían adosados a los sueños. De modo que esos acontecimientos espectaculares atendidos por multitudes se parecían menos a la inflorescencia estética de una comunidad que a un amontonamiento de hombres y mujeres insertos a modo de fragmentos dentro de una figura cuya envergadura escapaba al entendimiento de los concurrentes, porque era tan titánica como el proceso general de producción de mercancías resultaba serlo para el operario engrillado a una cinta de montaje.

Como los procesos laborales someten a la población al principio de cálculo y de eficiencia, a fatigas dosificadas, y a la insignificancia personal, se exigió del cuerpo conductas equivalentes a las realizadas por las máquinas. Nada de esto se logra sin frustración. Las ocasiones de felicidad eran desaprovechadas en nombre de requerimientos funcionales y de persistentes restricciones morales. Como reacción a esa vida difícil, la masa humana moldeada en fábricas y oficinas se puso a añorar un mundo de numerosos colores, el tipo de promesa que por aquel entonces se encarnó en las revistas ilustradas, en la publicidad de las grandes tiendas, en los viajes turísticos, en divertimentos de fin de semana, en pantallas de cine, e incluso en el consumo de biografías de "grandes hombres" o de "aventuras exóticas", que hacían aún más evidente el anonimato del lector. En un mundo de cálculos y negocios el malestar existencial huye de la pesadilla y se refugia en la somnolencia.

Se instalaron circos descomunales para dar equilibrio a vidas desgastadas. En las funciones de esos "circos romanos", menos tremebundas que sus antecedentes antiguos pero no menos espectaculares, no cabe reconocer únicamente al placer legítimo de la distracción preprogramada sino también a una realidad estética más verdadera que aquella otra ofrecida por las creaciones de la "alta cultura". Los espectáculos se acoplan más dúctilmente a las necesidades emotivas de las grandes metrópolis. Y aunque esos consumos eternamente renovados pueden carecer de significado ulterior alguno, igualmente son signos jeroglíficos imponentemente inscriptos en el "espíritu del tiempo".

Distraerse, viajar, consumir, participar de eventos masivos. Ese ha sido el campo de entrenamiento de la personalidad, la taylorización de la subjetividad: cadenas humanas, reacción en serie, colosal arco voltaico de carne humana. Todo ello hace "contacto", y para comprender su dinámica es preciso prestar atención a la inquietud emocional de las multitudes y también a sus manifestaciones psíquicas y eróticas. En el modo moderno de viajar se revela menos un experimento del alma que el acopio acumulativo de vivencias espaciales inhabituales, en lo posible exóticas, es decir inmunizadas temporalmente contra los hábitos mecánicos. En los torneos y certámenes nacionales e internacionales no solamente se evidencia el pasatiempo atrayente sino también el rito de un culto novedoso que, además, señaliza el lugar y las formas simbólicas que deben ser admiradas y deseadas. En los salones de baile se observa no tanto la manifestación estética de un lazo social enraizado como la obsesión por el movimiento, que es consustancial a las exigencias organizativas de fábricas y oficinas, donde también se combinan y ajustan las "piezas aprovechables" del cuerpo de acuerdo a un compás rítmico, lográndose la mejor síntesis posible de cronometraje, sincronización y eficacia. Es la orquesta de percusión del industrialismo.

Cuando en las ciudades cunde el anonimato y cuando la vida cotidiana tiende a la mayor tecnificación, la pretensión de forjar una "personalidad única" tambalea. En el siglo XX, el mundo clásico del liberalismo no se desvaneció por causa única de sus errores políticos sino también por vacilación de los ideales de las clases medias, que al fin fueron arreadas e integradas orgánicamente a pasiones nacionalistas o a escenarios de guerra. Eso significó la cancelación del proyecto de la Ilustración. Y por cierto, fue durante la década de 1920 cuando dos ingenieros, uno ruso y el otro escocés, uno llamado Vladimir Kosma Zworykin y el otro John Logie Baird, consiguieron transmitir imágenes a distancia. Fue el punto de partida de la televisión.

Una siguiente y rampante etapa de autopropulsión de la cultura del espectáculo se inició en la década de 1990, con la aparición pública de Internet. La doble potencia de la televisión y de la red informática hizo del habitante un observador partícipe de escenarios instalados en 360º a su alrededor. Otra consecuencia fue la creciente articulación simultánea de las actividades humanas. La ciudad del siglo XIX movilizaba y coordinaba tareas y desplazamientos al ritmo del metrónomo, pero los grandes núcleos urbanos de la actualidad requieren de un arte de relojería más flexible. Se combinan flujos de información en todos los hemisferios a la vez. Los medios son ahora políglotas, o sea transculturales, es decir simplificadores, por necesidad, de la enorme riqueza de lo real. Cosa muy distinta serían medios de masas que pudieran detener o abolir los usos del tiempo.

De Internet se dice que es una "revolución", que incrementa y fortalece las capacidades subjetivas, libertarias y cognitivas de los seres humanos. Quizás sea así, quizás no sea así. En todo caso es inevitable que nos volvamos copartícipes de un fenómeno de masa. La "opinión", por sí misma, ha devenido en género literario hegemónico en la red informática, y muchas veces, por no decir abundantemente, circula con mero ánimo de maledicencia, que evidencia menos la sublevación del "hombre común" contra los especialistas que la gozosa posibilidad de descargar sobre el prójimo rencores inextirpables.

Que los medios hayan conseguido que tiempos y distancias se "aproximen" significa que coadyuvan a coordinar el actual estado de cosas, porque la dinámica de la ciudad globalizada potencia en todos lados al mundo tal cual es, sea en regímenes de "libre mercado", en regímenes dirigidos estatalmente, e incluso en teocracias. A pesar del discurso melifluo y entusiasmado que se trompetea a los cuatro vientos acerca de la horizontabilidad e interactividad de las nuevas tecnologías, la figura de la pirámide todavía sigue dando forma vertical a nuestra imaginación política. Conviene no soslayar el detalle, pues así como no necesariamente debe creerse lo que las personas dicen de sí mismas, tampoco es saludable "comprar" lo que el discurso publicitario de las nuevas tecnologías mediáticas propaga acerca de sus supuestas bondades.

La televisión e Internet son emprendimientos complementarios que ya han comenzado a superponerse y a cooptarse mutuamente. Los une una misma "voluntad de emisión". Se corresponden con una época que nos conmina a convertirnos en "emisores" de información, tarea participativa en la cual se nos licua una dosis de narcisismo y otra de desesperación. Ser o estar "informado" supone que a toda persona se le estampa una "forma" entre tantas otras posibles, un estampado forzosamente fallido, pues todos somos "llamados" o convocados también por otros "sellos de la identidad" cuya naturaleza no es de índole técnica. Falta considerar el para qué de tanto ajetreo. Cincuenta años atrás, los radioaficionados pasaban muchísimo tiempo tratando de captar las señales de radio de congéneres remotos, y cuando esto era logrado el mérito parecía haber consistido en el "hacer contacto" en sí mismo. Como se sabe, la excitabilidad forma pareja con la novedad. Por ahora, la expansión del mundo mediático-informático, más parecido a una voluntad de poder que a una simple red de datos, imágenes y conexiones, está alcanzando la cresta de la ola. Del porvenir de este proceso poco podemos conjeturar. A veces el futuro cambia por completo las intenciones y los usos pero sobre todo puede cambiar el estatuto mismo de la información merecedora de ser resguardada.

Hubo quienes alguna vez imaginaron que los medios de comunicación clásicos, como la radio y la televisión, podían mejorar moralmente a la población, y también hubo quienes se dedicaron a combatir la fiscalización de la conciencia de las audiencias por parte de los grandes medios, pero hoy, ya sumado Internet, esa relación es especular, "interactiva", es decir que el ciudadano es partícipe cómplice de los consumos que él mismo alienta. Para entender la deriva de los medios de comunicación es preciso auscultar los estados de ánimo colectivos. Un obstáculo para hacerlo reside en el supuesto de que los medios masivos son "útiles" y "benefactores", por cuanto darían auxilio a la comunicación humana, a la cual procurarían "mejorar". Todo depende de lo que quiera entenderse por "comunicación", es decir si se considera que su esencia tiende a la transparencia o bien al misterio. En el primer caso, somos tentados por el optimismo y movilizados a detectar y denunciar todo aquello que perturba la comunicabilidad (los intereses creados, el "ruido", la manipulación, las dificultades de recepción, o bien la falta de ampliación del campo de operaciones mediáticas hacia los "excluidos"), como si el destino de la vida social debiera asumir forma de inmenso intercomunicador telefónico. Pero quizás la boca no se haya forjado en el rostro para transmitir información, sino para crear instantáneas esfinges del habla. De modo que en toda convocación de palabras y en cada escucha hay, también, revelaciones oníricas, adivinación de enigmas, cenestesia de "instintos". El desafío que plantea la comunicación es de índole espiritual y somático, porque nada se comunica aunque a todo se lo invoca.

En su tiempo, el auge de la fotografía, del cine y de la televisión se correspondió con una dislocación de la experiencia del tiempo y del espacio. La representación del mundo ya no precisaba de mitos o de alegorías, sino de "imágenes" de lo real. Pero la reproducción de una realidad no es la historia de un mundo, reducido a materia muerta, en la misma medida en que los seres que fueron fotografiados o filmados en el pasado no tienen más entidad hoy que la del "maniquí arqueológico". Sin embargo, alguna vez vivieron. El sentido de las imágenes depende más de atisbos capturados en la penumbra de la memoria que de utopías positivistas que restringen el misterio del tiempo y el del espacio a los medios técnicos de registro y acopio de lo real. Por más confiable que sea una tecnología de apresamiento de la forma del mundo, sólo el estado de ánimo, la predisposición instintiva y la memoria pueden otorgar significado a las imágenes resultantes.

En sí mismas, las imágenes siempre son opacas y su estatuto es provisorio. Para conjurar la cualidad inasible de las imágenes los medios de comunicación despliegan "panoramas", realidades dadas forma para un mundo que nunca deja de ser informe. La superficie de operaciones estratégicas es la vista y a ella se le proponen encuadres que destituyen del campo de mira todo aquello que podría perturbar o subvertir drásticamente al paisaje de espectáculos. En todo caso, los medios pretenden ser valorados por medio de consideraciones estéticas y no mediante juicios políticos o éticos. De las audiencias se espera que celebren programaciones y eventos de masas según satisfagan sus gustos y sus psicopatías, y que desmerezcan los que resulten ser poco deleitables.

Medios y espectáculos ofrecen refugio y paliativo a infinidad de vidas dañadas, aunque la consecuencia de acostumbrarse a ellos es fomentar el hábito de ocuparse de las cosas no ocupándose de lo que es importante, es decir llevando adelante vidas que quizás se preferiría no repetir en una eventual reencarnación. Encontrar virtud en la adquisición de confort y el consumo de espectáculos es lo propio de una subjetividad asediada y adictiva, para la cual el domicilio funciona a modo de estuche protector. En el hogar, la tecnología es puerta de acceso al esparcimiento y promesa de inmunización contra el dolor, la soledad o el aburrimiento, y los medios de comunicación colaboran con ello en su rol de apaciguadores o de excitantes, según se mire, pero sobre todo por cumplir funciones de consuelo que alguna vez estuvieron a cargo de capillas, santuarios y templos. La historia de las ciudades es también la de sus recintos ceremoniales.

Los medios operan por captura de la atención visual y por engolosinamiento de la misma. Sin embargo, cada huella de lo visible supone mundos apenas entrevistos, que portan lo sorprendente dentro de lo ya conocido, lo desapercibido en lo ya experimentado, lo imposible en un mundo positivo y tutelado. La materialidad de las imágenes depende menos de su administración técnica que de su consistencia soñadora: son estampas mágicas, dones animados, revelaciones. Ese es su destino último, luego que los beneficios del entretenimiento y de la novedad hayan sido amortizados. Aunque se me ocurre avanzar una palabra más aún. Pudiera ser que la producción de espectáculos trascienda a la cuestión del dominio político de la existencia o de la puesta en circulación de imaginarios felices para

consumo masivo. Al igual que sucedía en otros
tiempos con las imágenes religiosas, los espectáculos intentan hoy mantener entre bambalinas una
revelación acongojante: que estamos forzados a
convivir para siempre con realidades desagradables
y con instituciones siniestras, a las cuales nuestro
paseo alucinado en busca de motivos de felicidad
les es indiferente.

El sueño incesante

Descorrido el telón, aparece un tipo específico de espacio en que puede desplegarse el reino de la imaginación, que es el cuarto reino de la naturaleza, un ensimismamiento cuya relación con la así llamada "realidad" es arbitraria.

El sueño incesante

|

EN TODA CIUDAD HAY cementerios, anfiteatros, jardines públicos, salones de baile, prostíbulos, templos, y también salas de cine. El renombre de algunos de estos recintos llegó lejos. El Muro de los Lamentos, en Jerusalén, el Oráculo, en Delfos, la Casa del Sol Naciente, en New Orleans, el Corsódromo, en Río de Janeiro. Otros son anónimos y repetidos, como los monumentos que recuerdan a los soldados desconocidos caídos en las guerras del siglo XX o los pasajes poco iluminados que en otra época eran llamados "callejones de los suspiros". No importa si acogieron lágrimas o risas, son imprescindibles. Sin ellos seríamos seres aún más desamparados y deambularíamos por espacios por completo inhóspitos.

La sala de cine no es lugar para distenderse o solazarse por un rato; muy por el contrario, es refugio de emociones y espacio de mancomunión, además de ser archivero de sueños o de actos de magia. Desde siempre, la vida en las ciudades ha requerido de un enorme esfuerzo colectivo destinado a mantenerlas funcionales. Pero desde antiguo también, las calles de la ciudad han sido amenazantes y enigmáticas, interrogativas, puesto que la experiencia urbana propone a los habitantes problemas insistentes y quizás irresolubles: hambre, deseo, riqueza, poder, expectativa y muerte. La impotencia para dar respuesta conduce a la confusión o a la angustia, que son males propios de las ciudades. Se diría que son peajes. John Berger escribió que la visita a las viejas capillas con frescos, cristos y cruces es equivalente de la experiencia de concurrir al cine. Ambos, cine y capilla, son espacios de consuelo y de consulta en presencia de algo a lo que se barrunta majestuoso. En este sentido, la sala de cine aún conserva rasgos de estancia sagrada.

II

A fin de prevenir el desplome anímico, las ciudades erigen espacios ceremoniales donde se ofrecen respuestas provisorias a los dilemas de la existencia. Las iglesias dan amparo al sufrimiento; los prostíbulos o los cines "condicionados" conceden alivio momentáneo a las ansiedades del deseo; los estadios de fútbol o los cuadriláteros de boxeo otorgan un instante de fuga catártica a la exigencia cotidiana de supervivir; los casinos y los bingos prometen dar sentido instantáneo al dinero. Así las cosas, la sala de cine, y eso desde la época en que no pasaba de ser una mera barraca de feria hasta llegar a los actuales multicines, brinda un atisbo al misterioso acontecimiento del soñar humano tanto como a las visiones que emergen en estado de duermevela o de divagación fantasiosa. Las así llamadas "fábricas de sueños" –Hollywood, Bollywood, Cinecittá y similares– producen visiones parecidas a las que son pergeñadas por los magos y eso para audiencias que se cuentan por millones, que son las mismas personas que al despertar a cada nuevo día se adentran en el misterio del sentido de la vista. Se diría que la sala de cine es una ostra que promete exponer aquella perla esporádica que podría congelar el flujo de imágenes en una rememorable quietud de naturaleza muerta, que, sin embargo, sigue progresando a veinticuatro fotogramas por minuto.

III

Las enciclopedias establecen que el cine nació en el año 1896, y en París, lugar de la primera exhibición de una película filmada. Sin dejar de ser cierto, el dato no es del todo verdadero. El cine existe desde mucho antes de la invención del "vehículo tecnológico" llamado cinematógrafo, de igual forma que la computadora ya existía décadas antes de ser ensamblada la primera de todas ellas, en 1946, porque previamente fue necesario elevar la categoría de información a estatuto de saber privilegiado y convertir al cerebro en metáfora de las operaciones de cálculo y orden, y asimismo acostumbrar a la población a entregar voluntariamente todo tipo de datos personales a archivos estatales y privados. De igual modo, para que algo llamado cine haya llegado a ser posible, la invención específica de la cámara de filmación resultó ser la consecuencia última de un proceso más general. Una serie de acontecimientos se hicieron necesarios. La erección acelerada de ciudades descomunales, en las cuales los habitantes devinieron, a su pesar, en seres desarraigados y en riesgo. En el siglo XIX el sentido de la vista hubo de acostumbrarse a una continua reactividad fisiológica ante innumerables estímulos, entre otros, el ritmo de las máquinas fabriles. La visión, inexorablemente, fue transformada en coadyuvante de la eficacia urbana más que en una balanza emotiva del mundo capaz de sopesar la belleza.

Pero estas disquisiciones no explican del todo el gusto por ver películas. Quizás el ojo sea el órgano más reversible del cuerpo. Su cualidad de palabra capicúa revela una condición de cruce fronterizo entre lo ya conocido y lo nunca visto. Si concurrimos a la sala de cine es porque en el mundo existe una voluntad de lo visible que nos conmina a hacerlo, un impulso repetido de persona a persona que las conduce ante la pantalla, movilizadas por la fe en que allí sucederá un milagro de la vista. Y si se ha llegado al fin a ver cine es porque hace millones de años que esa misma voluntad primordial del mundo viene haciéndole lugar en el cuerpo al instrumento de visión humano, forjándolo fisiológicamente en lo alto, puesto que la fuerza de lo visible hizo blanco originariamente sobre un rostro todavía muy inconcluso, obligando a la piel a hacerse tajos y a serles cincelados los dos ojos.

IV

De las obras cinematográficas se suele decir que son clásicas o innovadoras, de autor o de fábrica, comerciales o independientes, producidas en el centro del mundo o en su periferia, pasatistas o concientizadoras, realistas o surrealistas, de fácil digestión o de tránsito lento, olvidables o bien obras maestras. Sus diversos géneros narrativos pueden ser analizados y estudiados los efectos de la geopolítica y de la censura y del dinero en su producción, y también meditadas las transformaciones tecnológicas que constituyen la espina dorsal del cine. Sin embargo, es otra cosa lo que se aloja en el alma luego de cada visita a la sala de cine, una suerte de "película picada" conformada por imágenes y sensaciones, un maceramiento coralino de la subjetividad hecho de memoria e imaginación, de múltiples y pluriformes escenas de sueños, o de viajes hechos en butaca.

En el fondo, las tecnologías que atañen al sentido de la vista, de la cámara fotográfica a la televisión y del proyector a Internet, son maquinarias sencillas. Un técnico entrenado podría dar cuenta de ellas. Pero la precisión de las tecnologías no necesariamente supone una mejoría óptica del sentido de la vista, pues la mirada se orienta no sólo hacia encuadres sugeridos y planificados para su consumo sino también hacia rastros de lo visible. Al final de todo el proceso las huellas visuales que persisten en cada persona no retornan como copias de lo ya visto, sino como evocaciones. Al poder ser nuevamente narradas a otros, al dejárselas manifestar libremente, las imágenes sobreviven en portadores que han sido conmovidos, mejor dicho "llamados" por ellas. Son chispazos aún crepitantes que saltan de la pantalla y se nos ofrecen a la manera de las donaciones.

V

El chorro de imágenes adquiere forma y caudal en la pantalla. La escena es similar a la de la caverna de Platón, habitada por hombres cuyo entendimiento era obtuso. También es parecida a las grutas donde hay pinturas rupestres que parecen haber sido confeccionadas por gente llegada del fondo mismo de la tierra más que de su exterior. Nada hay en la película salvo misterio, si hacemos momentáneamente a un lado a los directores, los actores, los guionistas, los técnicos, el financista y los distribuidores. Tarde o temprano incluso a los más renombrados de entre todos ellos los roerá el olvido y serán considerados citas al pié de los libros de historia del cine. Sólo sobrevivirá la película en sí misma.

Descorrido el telón, aparece un tipo específico de espacio en que puede desplegarse el reino de la imaginación, que es el cuarto reino de la naturaleza, un ensimismamiento cuya relación con la así llamada "realidad" es arbitraria. El espacio cinematográfico es "celeste", una superficie vertical plena de animaciones y esfumaciones, es decir fantasmal. En esa proyección incluso aquellos espectadores que sólo buscan hacer pasar el tiempo, aventuran el sentido de la vista. La imagen más precisa es la de ambos globos oculares girando sobre sí mismos hacia el fondo del cráneo, hacia el lugar de formación de las imágenes. Quizás por ello la forma de los cines suele ser esferoidal, un encastre para la córnea.

El cine es contemporáneo de la crisis de la representación, es decir de la relación entre visión y verdad. Es la lápida del positivismo. El conocimiento siempre fue considerado una llave maestra que podía iluminar hasta el último rincón del universo. Optimismo y luminosidad promueven un ideal de verdad de tipo "solar". Y así fue, desde Platón hasta la ciencia moderna. Pocos saberes insistieron en que también era posible conocer por los abismos, a los que siempre imaginamos oscurísimos. Posible formalización del sueño, el cine interpela a la luz y a la sombra por igual. Los restos dejados por la película en el ánimo se evidencian y desvanecen todo el tiempo hasta transformarse en recuerdos borrosos grabados a fuego, fogonazos en la vista, quemazones en la memoria.

High tech

La sofisticación tecnológica no es antagónica de la voluntad de aniquilar y es por eso que la civilización es la barbarie que es la civilización.

High tech

U N TREN PUEDE TRANSPORTAR mercancías al puerto o soldados al frente. Un avión puede fumigar campos de siembra o esparcir gas venenoso sobre una ciudad. Un telégrafo o un teléfono pueden transmitir salutaciones u órdenes de combate. Un aparato *gps* puede orientar un taxi o un proyectil "autoguiado". Así ha sucedido a lo largo del siglo XX, un tiempo de guerras incesantes que se cobraron la vida de unas 150 millones de personas. Sin embargo, la semejanza entre las fábricas que ensamblan bombas y las que lo hacen con electrodomésticos no suele ser asumida, aunque sepamos que ya nadie hace mucha distinción entre combatientes y no combatientes, que la producción de armamento es una industria muy próspera o que Internet tanto favorece la acumulación de amistades como la infección deliberada o el ataque anónimo coordinado.

Están mucho más difundidas la viscosa creencia de que la tecnología es, en esencia, benéfica, y la suposición de que la guerra es una errata en la historia de la humanidad. Son salvaguardias que bloquean la toma de conciencia de una misma intimidad de origen y de suplementación. Quien se deja encandilar por lemas humanistas olvida que, en la Grecia antigua, los tan filosóficos ciudadanos de Atenas eran considerados los imperialistas de su época. Lo cierto es que no hubo un solo año en el siglo XX sin conflagraciones importantes y ninguna innovación técnica "superadora" que no admitiera también el uso mortífero, comenzando por la conquista del aire y siguiendo por la del átomo. La sofisticación tecnológica no es antagónica de la voluntad de aniquilar y es por eso que la civilización es la barbarie que es la civilización.

La actualización de la tecnología bélica responde al progreso del conocimiento. Así como en la Antigüedad un jefe guerrero era inútil si no contaba con un experto en metalurgia a su lado que le forjara espadas, no hay hoy ejército que pueda prescindir de científicos o de diseñadores de programas de computación. Hace tiempo que la ciencia, la empresa, los políticos y los ministerios correspondientes aúnan esfuerzos en pos del máximo desarrollo posible en el arte de destruir a un enemigo. El presupuesto es que la innovación técnica define la victoria. En 1898, en la batalla de Omdurman, murieron 11.000 musulmanes y apenas 48 británicos. En el 2003, en la Guerra de Irak, los norteamericanos aplastaron todas las defensas iraquíes en pocos días perdiendo sólo dos aviones en acción. En un caso, la ráfaga de ametralladora decidió la situación; en el otro, una apabullante superioridad aérea. El país atacado queda reducido a librar una guerra "asimétrica".

Piénsese en la historia de la aviación. Apenas ocho años después del primer vuelo y cuando ni siquiera existía la posibilidad de transportar pasajeros, ya se usaban aviones para arrojar bombas incendiarias y gas mostaza, particularmente en guerras coloniales. Ocurrió en 1911 con los italianos en Libia, en 1920 con los ingleses en Afganistán, Somalilandia y la Mesopotamia, en 1921 con los españoles en Marruecos y en 1923 nuevamente con los italianos en Eritrea. ¿Qué podían hacer el beduino, el negro, el asiático en general, contra el terror que llega desde el cielo? La superioridad tecnológica siempre instala una disimetría de poder, aunque no en el largo plazo. Una vez en el terreno, como se ha visto en Vietnam y en Afganistán, todo se vuelve menos claro. Incluso la tecnología bélica más poderosa y sofisticada es impotente para doblegar un país si no es acompañada por la clarividencia política. Y no se gana una guerra exclusivamente desde el aire, a menos que se lance una sola bomba, de las atómicas.

Una vez finalizada la "Guerra Fría" la gran esperanza "blanca" de mantener la delantera se condensó en dos formas "high-tech": el asperjado de misiles y las operaciones "quirúrgicas" de precisión. En un caso se perfeccionan los escarmientos a escala bíblica de la Segunda Guerra Mundial y en el otro se perpetran asesinatos selectivos sobre objetivos detectados por radares, cámaras de video o redes de información. Son acciones apenas encubiertas ensayadas antes por grupos terroristas y servicios secretos estatales. En la Guerra del Golfo, en 1991, todavía se usó el bombardeo por saturación, pero en 1999, durante el ataque a Yugoslavia, se desbarataron líneas de comunicación y de energía, una por una, en una suerte de tortura por rompimiento de huesos: puentes por fémures, emisoras de televisión por omóplatos, fábricas por costillas.

Pero no existen "guerras limpias", por más que a los arsenales se los tilde ahora de "inteligentes", es decir más humanitarios, tal como supuestamente la guillotina lo fue con respecto a la horca. La bala, la bomba, el explosivo de fragmentación, el virus informático, la bacteria envasada en laboratorio, el avión transformado en ariete terrorista, todas son armas arrojadizas, caen sobre cualquiera, que pasan a engrosar el rubro "daño colateral". Se puede adosar la cruz a la espada, la cimitarra al Islam, la cañonera a los "valores universales", la bomba atómica al "mundo libre" y el ajusticiamiento por control remoto a la "defensa de Occidente", pero son subterfugios. La existencia de máquinas de matar responde a la voluntad de imponer nuestros intereses a los demás, de modo que les adosamos justificaciones gratificantes, en especial las que nos atribuyen una moral superior. La tecnología se adecua a esa voluntad, como si fuera el seudópodo siempre perfeccionable de una pulsión esencialmente injusta.

Ya existen aviones no tripulados para descalabrar talibanes mediante un clic de computadora y que pronto podrán ocuparse de detectar infractores del tránsito urbano. También cazabombarderos "sigilosos", indetectables, como fantasmas que desparraman el pánico y el espanto. Pronto la robótica lanzará humanoides tecnológicos al campo de batalla, algunos del tamaño de insectos, y de picadura letal. Apenas más allá la neurociencia y la experimentación bacteriológica se aprestan a dar un paso más por sobre las pirámides de huesos dejadas por conflictos de los que ya no recordamos el nombre. Pero si la guerra es un factor fundamental del progreso tecnológico, no es la tecnología la que explica la existencia de la guerra. Eso responde a otras predilecciones, pues hay mucho dinero en juego y ni siquiera puede descartarse la sublimación de la frustración sexual cada vez que se eyacula un misil. En lo que respecta a las armas, las carga el diablo.

El Falansterio
Charles Fourier

Historia de los Pioneros de Rochdale
Georges Jacob Holyoake

Gráfica cooperativa en Barcelona. Iconografía del cooperativismo obrero (1875-1939)
Marc Dalmau

La economía social y solidaria en Barcelona
Anna Fernández i Iván Miró

Economías transformadoras de Barcelona
Rubén Suriñach

Cuentos de Bagdad
Glòria Arimon

Los nietos de Adán y Eva
Carles Zafon

¿Hablas o te comunicas?
Blas Gómez, Antonio Herranz

La filosofía de las Barbas
Thomas S. Gowing

Los estudios culturales

Fredric Jameson

Apocalipsis

Karl Kraus

La insurrección en Dublín

James Stephens

Adaptación a utopía

Daniel Yacubovich

El fin de las pequeñas historias

Eduardo Grüner

Una partida de ajedrez

Stefan Zweig

Miradas sobre la educación a lo largo de la vida

Àngel Marzo Guarinos, Graça dos Santos Costa

La cooperación entre el alumnado

Sylvain Connac

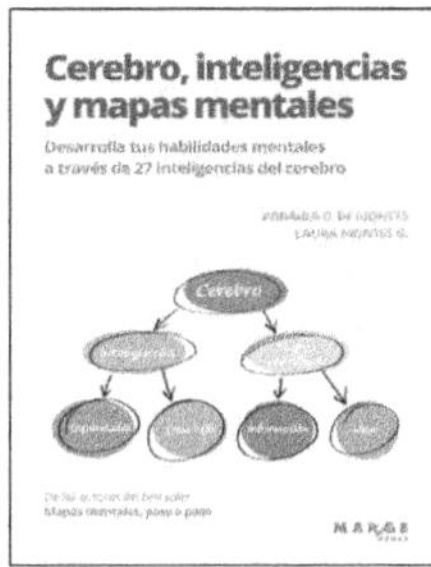

Cerebro, inteligencias y mapas mentales

Zoraida G. de Montes, Laura Montes G.

MONTABER   Brutau, 160 – 08203 Sabadell (Barcelona) – Tel. +34-931 429 486 – montaber@montaber.es – www.montaber.es

www.montaber.es